多元文化视角下
大学生德育的创新发展

邹娟　著

吉林大学出版社

长春

图书在版编目（CIP）数据

多元文化视角下大学生德育的创新发展 / 邹娟著.
— 长春：吉林大学出版社，2020.10（2025.1重印）
ISBN 978-7-5692-7253-6

Ⅰ. ①多… Ⅱ. ①邹… Ⅲ. ①大学生－德育－研究－
中国 Ⅳ. ①G641

中国版本图书馆 CIP 数据核字(2020)第 196491 号

书　　名　多元文化视角下大学生德育的创新发展
　　　　　DUOYUAN WENHUA SHIJIAO XIA DAXUESHENG DEYU DE
　　　　　CHUANGXIN FAZH AN

作　　者　邹　娟　著
策划编辑　吴亚杰
责任编辑　吴亚杰
责任校对　刘丹
装帧设计　王茜
出版发行　吉林大学出版社
社　　址　长春市人民大街 4059 号
邮政编码　130021
发行电话　0431-89580028/29/21
网　　址　http://www.jlup.com.cn
电子邮箱　jdcbs@jlu.edu.cn
印　　刷　香河县宏润印刷有限公司
开　　本　787 毫米×1092 毫米　1/16
印　　张　11
字　　数　210 千字
版　　次　2021 年 7 月　第 1 版
印　　次　2025 年 1 月　第 2 次
书　　号　ISBN 978-7-5692-7253-6
定　　价　65.00 元

前　　言

育人为本、德育为先。大学生是我国社会主义现代化事业的建设者和接班人，也是实现中华民族伟大复兴中国梦的参与者与构筑者，他们的思想道德状况不仅会影响我国社会主义和谐社会的构建，而且会对我国未来的政治发展与走向产生重大影响。因此，新时代如何进一步增强我国大学生德育的实效性，就成为当下摆在我们面前的一项重大而又十分紧迫的战略任务。

就当前来看，随着世界经济的飞速发展以及国际国内形势的不断变化，传统文化与现代文化、东方文化与西方文化、主流文化与非主流文化等多元文化的冲击日益加剧，这些对高校大学生的思想意识、价值取向及生活方式都有着较大的影响，随之而来的就是大学德育的失效性不断显现。面对这样的情况，高校德育工作者应该在马克思主义理论的指导下，坚持研究、鉴别多种不同的文化在碰撞、交流中所产生的影响，并进行仔细分析，制定对策，为大学生德育工作营造良好的环境，切实提高其实效性。

本书逻辑清晰，内容翔实，结构合理，共分为六章。第一章研究的是多元文化与大学生德育，在对多元文化的内涵、大学生德育的理论进行解读的基础上，系统分析了多元文化背景下我国大学生德育的指导思想；第二章研究的是多元文化背景下大学生德育的新变化与发展路径，内容主要涉及多元文化背景下大学生德育的新变化、多元文化背景下大学生德育面临的机遇与挑战、多元文化背景下大学生德育发展创新的路径选择三个方面；第三章研究的是中国传统文化与大学生德育创新，在对中国传统文化进行系统论述的基础上，着重阐释了中国传统文化中德育内容的发展与演变、传统文化视野下的大学生德育创新等内容；第四章探讨了校园文化与大学生德育创新，内容涵盖校园文化及其蕴含的德育功能、校园文化与大学生德育的互动及校园文化视域下大学生德育的创新路径；第五章是对家庭文化与大学生德育创新的研究，在对家庭文化进行总体论述的基础上，着重分析了家庭文化与德育的内在联系、家庭文化视野下大学生德育的路径选择等内容；第六章研究的是大众文化与大学生德育创新,在对大众文化进行概括性论述的基础上,系统阐述了大众文化对大学生德育的影响、大众文化视野下的大学生德育创新思考等内容。

本书在撰写过程中,参考借鉴了相关专家、学者的一些观点及相关的文献论著。在此,向他们一并致以诚挚的谢意。此外,由于作者的学术水平有限,并且掌握的资料也有限,书中难免会存在一定的疏漏之处。因此,真诚地希望各位读者朋友和专家学者予以批评指正,以待进一步完善。

作者

2020 年 4 月

目　　录

第一章　多元文化与大学生德育

多元文化格局的形成和文化分层的出现,标志着一个文化多元时代的到来,这是当代大学生面临的最基本的社会文化环境。由于多元文化是一把"双刃剑",所以在多元文化背景下加强思想领域的建设尤为重要。本章研究的是多元文化与大学生德育,在对多元文化的内涵、大学生德育的理论进行解读的基础上,系统分析了多元文化背景下我国大学生德育的指导思想。

第一节　多元文化的内涵

一、多元文化形成的背景

(一)经济全球化

经济全球化是指各国的经济在生产、分配、交换和消费环节上的全球趋同化,具体表现在国际贸易、国际投资、国际金融和跨国公司等领域的发展方面。经济全球化使得国家之间相互依赖性增强,各国的资源、资本、劳动力、商品等以极快的速度和规模在全球范围内流动,以求达到最佳配置和利润的最大化。

在经济全球化背景下,人员、资本和信息的国际流动带动了知识、文化和价值观在国际范围内的传播,引起各种文化间的渗透、整合和交融。在经济全球化背景下,国际市场的形成极大地改变着人们的生活方式,也极大地改变着人们的生活观念和生活内容,文化发展的民族与空间界限被打破,从而促进了多元文化的发展。

随着全球化进程的深入,特别是在加入 WTO 之后,我国将在更大范围和更深层次上参与经济全球化的进程。我国将会与外国尤其是西方在政治、经济、科学以及文化上发生激烈碰撞。

(二)政治多极化

20 世纪 80 年代末 90 年代初,苏联的国家剧变标志着两极格局的终结。此后,世界政治多极化的趋势日益明显。在中共十四大报告中,关于世界多极化发展的判断得到初步确定:"当今世界正处在大变动的历史时期。两极格局已经终结,各种力量重新分化组合,世界正朝向多极化方向发展。"①

21 世纪以来,美国力图构建以自己为首的单极世界,奉行单边主义霸权政策。在政治上极力推行美国模式的所谓"全球民主化";在经济上,依托自己强大的经济实力,以经济制裁和不等价交换为手段,随意剥削发展中国家;在军事上,保持庞大的军费开支,大规模进行新型武器的研制与生产,并且在世界各地部署军事力量,插手干涉他国的内政。美国这种单极世界的目标是不可能实现的,它必然遭到国际上其他国家或政治、经济联合体的抵制。欧盟一体化进程取得了实质性的进展,无论是军事、外交乃至经济的自主都必然与美国发生矛盾,中国的发展及国力的强盛为世界所瞩目,随着第三世界国家大量加入联合国等国际组织,必然在维护国际和平与发展方面做出更大的贡献。

目前,世界正朝着政治多极化的方向发展。总的来看,尽管多极化的世界格局尚未真正形成,尽管目前的世界格局仍然是"一超多强"的状态,虽然多极化的趋势是曲折的,但却是大势所趋。邓小平说:"世界上矛盾多得很,大得很,一些深刻的矛盾刚刚暴露出来。""现在国际形势不可预测的因素多得很,矛盾越来越突出。"②目前,美国虽然拥有绝对性的优势,但这只是阶段性的,其独霸全球的战略与行动是逆历史潮流而动的,单极霸权主义与世界发展所要求的多极化格局格格不入,是全世界爱好和平的人们所不愿意看到的。

(三)信息网络化

1.科技革命推动信息网络技术的发展

信息是信息科学的基本概念。信息是事物(包括客观事物和主观思维)的运动状态和过程及关于这种状态和过程的知识;信息是用来消除不确定的东西,它是智

---

① 十四大以来重要文献选编(下)[M].北京:人民出版社,1999.
② 梁晓.世界格局多极化的现状与未来[J].理论界,1996(06).

慧生物和智能机器通过感觉器官或相应的设备,感知并交换的所有内容;信息可以以消息、信号、符号、数据等形式被表达、存储、传递、处理、感知和使用①。文化的产生和发展离不开信息传播,而文化传播又必须通过一定的信息媒体进行。信息媒体是文化在时间和空间上得以传播的必要手段。在人类文化发展早期,信息技术不发达,传播媒体落后,人类的文化成果难以保存下来,文化的发展十分缓慢;而信息技术的进步使得人类的文化成果可以长期保存,并迅速扩散开来,文化的发展呈现加速的态势。

近代以来发生的三次技术革命,使文化传播方式发生质的飞跃。机动车船、飞机等现代交通工具的发明,特别是电视、电话、通信系统、计算机网络等通信工具的出现和普及更是开创了人类社会文化交往的新时代。

生产力的大幅度提高是现代社会形成的重要原因。信息技术的高速发展推动了生产力的提高,也带来了信息的网络化。现代社会是信息爆炸的时代,是全民网络的时代。现代社会的形成,一个重要标志是生产力的大幅提高,信息技术高速发展,形成信息网络化,同时这也是造成文化多元化的一个重要原因。

信息技术的高速发展把人类社会带入了信息化时代。因特网从1982年正式诞生起到现在,在三十多年的时间里其发展势头令人惊叹。在网络的世界里,人们相互交流日渐频繁,同时在信息洪流和知识更新的作用下,使人们的生活习惯、思维方式和价值观念等发生了深刻改变,也对社会生活产生了深刻影响。日新月异的互联网使人们的学习、工作和生活方式发生了巨大变化,网络已然成为第二个"社会"。互联网打破了空间的界限,使地球变成一个村庄,使身份各异的人在网络这一虚拟社会中自由地相互交流,缩短甚至消除人与人之间的距离。

2.网络的特性与多元文化的形成

网络具有的互联性使得其对人们的社会生活产生了很大的影响。网络改变了现代人的生活方式甚至是生存方式。网络的特殊性表现在以下几个方面:

其一,网络具有全球性、虚拟性、互动性、自由性、匿名性、快捷性、开放性和超越时空性等特点,它将各自独立的电脑处理节点,通过通信线路连接形成计算机通信系统。通过网络,可以联结分散于各处的信息系统,使各种资源实现全社会共享,网络的超越时空性使人们也可以克服地理位置的局限实现协同工作。

其二,网络是一种新的全方位的、功能完备的信息生产、传递、获取、使用机制,

---

① 董焱.信息文化论——数字化生存状态冷思考[M].北京:北京图书馆出版社,2003.

由于网络所具有的处理信息快、人机交互性强、以统一的数字化符号处理多媒体信息等特征,使人类社会进入数字化、网络化时代。

其三,网络是人类社会文化的同构系统,它将人类置于数字化的赛博空间。以因特网为代表的各种计算机网络为人类提供了更为开放、更广泛的新型服务项目和功能。围绕着因特网及各类网络构成了人类新的信息文化的物质环境。

网络化和信息化的时代催生了网络信息文化。网络信息文化引起了人类生产生活方式、通信交流方式、决策管理方式等各方面的变革,进而引起思维方式和观念的改变,引起社会文化发生结构性变化,是一种融意识文化、行为文化与物质文化为一体的新文化。网络推进了人们和本地区与外地区之间的联系,使得不同地域的人们能够对彼此有深入的了解,不同种族、民族、地域、国家等文化的相互交流和碰撞,使文化多维性开始凸显,多元文化逐渐形成。所以,网络信息文化的出现是促进多元文化形成与发展的又一个重要因素。

(四)社会多样化

1.社会文明在多样化中发展

马克思主义认为,站在人类历史发展的高度看,社会形态更替具有统一性;从不同民族的历史来看,社会形态更替具有多样性。社会发展的决定性和主体行为的选择性使社会形态的更替呈现出统一性和多样性的特点。社会形态更替的统一性在于,人类总体历史过程表现为原始社会——奴隶社会——封建社会——资本主义社会——社会主义社会——共产主义社会这六种社会形态的依次更替。社会形态更替的多样性在于,不同的民族在特定条件下可以超越某一种甚至几种社会形态而跳跃式地向前发展。社会形态更替的多样性并不能否定人类总体历史进程。

世界文明发展史的实践证明,世界文明的总体内容和价值,正是不同文明普遍性和多样性的统一,它既是由各种文明中的共同价值组成的,又是由不同文明色彩纷呈的多样性予以丰富、融汇、促进和发展的。世界文明的普遍性寓于多样性之中,多样性也离不开普遍性,在多样性中形成普遍性,这是人类文明发展的一个基本规律和基本特质。

在人类历史发展的各个阶段,从未出现过大一统的文明类型。相反,人类社会共同体会因区域、时期、传统等方面的不同,总是在社会生产方式、生活方式和思想方式以及相应的文化体系等方面,表现出不同程度的独特性。世界文明的多样性既是客观存在的事实,也是促进世界文明进步发展的重要因素。每种文明以其独特性在各种文明的相互碰撞中有条不紊地向前发展,这种发展是并行不悖的。人类文明在这种多样性的交流中不断前进,并逐步统一起来。各种文明在不断的互相交融中相互汲取着有益的养分,逐步构成人类文明的共同财富。

2.思想与文化的多元化

随着我国社会全面改革的深化、社会的转型和社会主义市场经济的深入发展,社会生活的多样化日益明显。利益主体多元化,利益诉求层次化,生活方式多样化必然给人们的思想观念、价值取向、文化生活带来多样性,人们的思想动态呈现出独立性、选择性、差异性和多变性的特点,个性培养意识增强,个人利益欲求强烈,独立自主意识增强。接下来主要分析选择性、独立性、多变性、差异性的具体表现。

其一,思想活动的选择性,主要表现在当今社会正不断拓展和丰富文化生活,使人们可以有诸多选择的可能。

其二,思想活动的独立性,主要表现在人们在面对各种社会客观存在时,有着自己独立的思考能力与思维模式,可以自主地做出自己的选择。

其三,思想活动的多变性,主要表现在人们多元化的思想价值观,现今人们的思想活动日益活跃,观念冲突和思想变动日渐频繁,思想认识中的热点难点越来越多,而思想认识的稳定性则相对越来越低。

其四,思想活动的差异性,主要表现在因社会阶层不同,人们在思想认识、道德观念、价值标准等方面存在显著的差异,使其处事态度、为人准则、娱乐方式和看问题的立场、做事情的动机都不同。

思想的多样化孕育了多元文化,多元文化给社会的发展带来了积极的影响,其发展有利于发挥人的主观能动性和创造精神,健全人格,实现个人价值;有利于增强整个社会的活力,推动整个社会的进步。

二、多元文化的概念与特点

(一)多元文化的概念

我国的"多元文化"在全球化、信息化、市场化和社会转型的大背景下逐渐成为事实并且朝着更加复杂的方向发展。我国的"多元文化"主要指的是在我国社会这个特定的系统中,在我国社会主义初级阶段的特定历史时期存在着文化上的多样性,且各文化地位平等、相互联系又自成一体,主要指的是由中国文化、西方文化、传统文化、现代文化、主流文化、精英文化、大众文化等构成的文化共存系统。各种文化因素相互交织、相互作用,既有两千多年的中国封建传统文化,又有传入中国的西方文化,还有近现代在意识形态领域长期居于主导地位的马克思主义文化,以及改革开放以来在中国进行社会主义市场经济改革进程中出现的独特的市场经济文化现象等。其"多元"主要指价值观念、思维模式、态度取向、行为方式上的差异,价值观念的差异是其核心。

(二)多元文化的特点

1. 平等性

多元文化的平等性是为了维护种族文化、民族文化的和谐平等而提出的。以美国为例,美国是个移民国家,是欧洲型社会,其主流文化形态为以盎格鲁—撒克逊为代表的文化。外来移民若想在美国定居,就必须要接受美国主流文化的价值观念,即在文化同化中放弃其固有的文化。多元文化论者认为,美国不应将其文化套用在所有群体或民族上,这种做法不利于群体认同与群体权利的实现。多元文化论者认为,无论何种文化,其地位是平等的,是能够相互交融的。文化的平等性是多元文化的核心特点,所有文化都是平等的,都有着平等的生存权和发展权,都应该受到尊重,各种文化都有其独特的价值,并无优劣贵贱之分,都应该受到尊重。

2. 多样性

多元文化的多样性是指不同地区、不同种族、不同阶层、不同制度下的各个地区的文化呈现出缤纷多彩、各具特色的特点。每个民族都有其特有的生产和生活方式,在历史发展的长河中,逐步建立起自己的文化,不同的民族拥有不同的文化特点。由于不同地域之间的发展进程各不相同,不同区域的文化自我改造、更新、变化,也表现得各不相同。多样文化的多样性可以为人们提供多种选择,丰富人们的精神生活。文化的核心是价值观,多样的文化可以提供多样化的价值选择。

3. 共通性

多元文化在文化之间的差异性和多样性的前提下,强调的是文化之间的共通性和统一性,如对正义、幸福的向往,对真善美的追求等。多元文化的存在,并不是为了追求文化之间的差异和对立,相反,这是为了各种文化更好地共同存在和发展。多元文化是在尊重民族和个体的政治、文化选择多样性的前提下进行的,它是不同文化的异中求同,绝不是完全的同质化。

4.交往性

世界大约有200个国家和地区,有近2000个民族。几乎每个国家和民族都有自己的生活方式、宗教信仰、风俗习惯、价值观念,都有属于自己的独特文化。在20世纪之前,不同国家和民族的文化之间的交往甚少,这主要是由于生产力的不发达、交通设施落后。20世纪以来,伴随着交通、通信设施的进步,尤其是互联网的发展,人们之间的联系也日益增多,整个世界成了地球村。文化间的交流和交往是多元文化形成的必要条件,也是它存在的基础。多元文化必须是在一定的系统结构中存在着相互联系的文化。

5.冲突性

美国哈佛大学亨廷顿教授1993年在《文明的冲突》中认为,当今世界,不同的民族、不同的国家之间最根本的区别不在于经济而在于文化,国与国之间"经济、政治、外交、生活等方面的矛盾冲突归根到底乃在于文化之间的矛盾和冲突"[①]。当前,东西方国家的文化摩擦带来的冲突日益显著。为此,亨廷顿提出了"文明的冲突",声称"文明的冲突将主导未来的国际政治,西方文明正受到来自非西方文化的威胁,西方人必须团结一致对付非西方文化的挑战"[②]。

在我国这种文化冲突主要表现在三个方面:一是中国自身的农业文化、工业文化和现代文化的冲突;二是中国本土文化与西方工业文化的冲突;三是中国本土文化与后工业社会文化的冲突。由于中国还属于发展中国家,不论是人们心理上还是社会经济上存在的依附关系必然在文化上有所表现,因此,社会转型过程中形成的文化冲突和文化侵袭使得当前中国的现代文化存在着几个突出问题,如商业文化泛化、民族精神文化淡化,文化多样化、文化感性化、信仰的危机。

三、多元文化的功能

(一)文化变迁与多元文化

多元文化是一种长期存在的客观现实。人类的发展就是在文化变迁中进行

---

①　亨廷顿.文明的冲突[M].北京:新华出版社,1999.

②　亨廷顿.文明的冲突[M].北京:新华出版社,1999.

的。文化是不断变化的。可以说,人类社会的发展历程就是文化变迁的历史,文化变迁如同一支不断舞动的笔,在历史铺就的纸面上记录下社会发展的进程。对此,社会学家安东尼·吉登斯打了一个比喻。他认为,如果把迄今人类存在的全部时间想象为一天,那么农业诞生于午夜的11点56分,文明诞生于午夜的11点57分,现代社会的发展始自11点59分30秒。然而,人类在这一天的最后30秒内发生的变化,可能与此前所有时间内发生的变化一样多。这也就是所谓的滚雪球原理。在漫长的农业社会中,个体在一生中不会感到文化的变化,人们的生活总是日复一日地重复着,农业社会的教育也是对人的简单复制。到了近现代工业化社会,人们必须接受能适应精细分工的职业教育。而在当代知识经济社会中,如果我们有几天与世界隔绝,就会有恍如隔世的感觉,觉得世界变得十分陌生。实际上,在漫长的人类历史中,文化变迁一直随着社会的生产力、生产关系的变化发展而变化发展。

一般说来,文化变迁是指由于族群社会内部的发展或由于不同族群之间的接触而引起的一个族群文化的改变。促使文化变迁的原因通常可以分为两类:一类来自内部的因素,即文化变迁是由社会内部的变化而引起;另一类是来自外部的因素,即文化变迁是由自然环境、社会环境的变化,如战争、迁徙、与其他民族的接触、政治制度的改变等而引起。目前,大多数学者认为,所谓文化变迁就是传统文化向现代文化的转变,在社会形态上就是传统社会的现代化。从历史的角度看,文化是历史的延续。从总的历史发展趋势来讲,我们可以认为,文化变迁是一个渐行不息的历史过程,既有对传统的萃取与摈弃,又有对外来文化的批判与吸收。由此,文化变迁的过程就是多元文化形成的过程。

(二)多元文化之功能

1.文化发展功能

一个社会能否生存并保持竞争力,取决于文化的多元性。每个民族都有自己独特的具有一定渊源和适用范围的文化,且能在其社会条件下发挥相应的功能。现实中并不存在能够为所有社会适用的标准文化。随着社会的发展,社会生产力逐渐提高,人们冲破了地域和时间的限制,不同国家、不同民族的人们有了频繁的交往,在人们的互动交往中,文化也在互相碰撞、互相交流。没有哪一种文化是绝对优秀的,也没有哪一种文化是绝对劣势的。不同的文化在相互对话中,取长补短,经过本土化的过程,外来文化适应了当地的生存环境和发展取向。文化的差异性和多样性使得整个民族的发展具有了活力,使得文化能够向着更先进的方向发展。

2.人类发展功能

文化是由人类传承并发展的。文化的多样性促进了文化的发展,促进了弱势文化向强势文化的发展。弱势文化缺乏自信心、包容性,而强势文化与之相反,它拥有足够的信心和强大的包容性,能在接受其他文化的同时,保持自身特色。例如,中国历史上的唐朝和当今时代的美国,它们都是强大的国家,都具有接受和包容其他文化的能力。参照系不同,对比的结果必定产生差异。同样的,如果强势文化失去了竞争对手,就如同失去了参照系,它必将逐渐枯竭并走向衰落。在全球化的今天,我们要保持文化多样性的势态,推动人类社会不断向前发展。

第二节　大学生德育的理论解读

一、德育与大学生德育

(一)德育

德育的含义是在德育实践中逐渐提炼出来的。当前有代表性的观点主要有:"德育是教育者按照一定社会或阶级的要求,有目的、有计划、系统地对受教育者施加思想、政治、道德影响,通过受教育者积极的认识、体验、身体力行,以形成他们的品德和自我修养能力的教育活动。""德育是把一定社会的思想观点、政治准则和道德规范,转化为受教育者个体的思想品德的社会实践活动。我们社会主义的德育,也就是把党和国家对年轻一代思想道德规范等方面的要求,转化为受教育者个体的思想品德。""德育是教育者根据一定社会和受教育者的需要,遵循品德形成的规律,采用言教、身教等有效手段,通过内化和外化,发展受教育者的思想、政治、法制和道德几方面素质的系统活动过程。"

德育的含义有狭义和广义之分。伦理学上的德育,属于狭义范畴,它是"道德教育"的简称,是国际通用的德育。因为其内容相较于我国的德育过于片面,所以又被称为"小德育"。本书研究的是广义上的德育。广义上的德育不仅在内容上更全面、更丰富，同时在传授方式上也别具一格：教育者需要根据社会要求和青少年学生思想品德形成的规律，按部就班地通过知识传授、观念养成、性格培养等途径，提高受教育者在思想观念、政治意识、道德品质、法律观念和心理适应等方面的素质。具体内容如下：

思想教育，是培养学生正确的思想观点和思维方式的教育。其主要传授部分是世界观、人生观和价值观教育。

政治教育，是提高学生政治觉悟的教育，是德育最重要的内容。对学生进行爱国主义和党的方针政策的教育，让学生树立正确的政治方向，提高政治敏感度和鉴别力，从而更有效地理解和执行党的方针政策。

道德教育，是对学生进行社会主义道德原则、规范的教育。培养学生形成正确的道德认识、高尚的道德情感、坚强的道德意志和良好的道德行为习惯，主要包括个人品德、社会公德、家庭美德、职业道德等方面的内容。随着时代的发展，又增加了在市场经济交往中和处理人与环境关系方面应该遵循的道德内容。

法制教育，是培养学生的法律观念，使学生知法、懂法、守法的教育。法制教育主要依靠社会的、外在的、强制性的法律来规范学生行为的方式。

心理教育，全称为心理素质教育与心理健康教育，是教育者运用心理科学的方法，对教育对象心理施加积极影响，以促进其心理发展与维护心理健康的教育实践活动。当今，面对快节奏的学习生活和就业环境，许多学生出现了心理问题，心理教育也因此备受关注。

（二）大学生

大学生是在高校注册入学并接受教育的群体，包括全日制和在职业余学习两种。大学生包括专科生、本科生和研究生（硕士生、博士生）。大学生是国家重点培养的高级型人才——他们是受过高等教育的代表年轻新势力的社会特殊群体。本书研究的大学生界定为普通高等教育本科层次的在校生，即本科生。

（三）大学生德育

所谓"大学生德育"，指以高校为主体，家庭和社会共同协作，运用一定社会所认可、提倡的道德规范和道德观念对大学生这个特定群体所进行的道德教育，使其形成正确的道德认知和道德理想，不断提升道德情操，成为具有良好道德品质的人。目前，我国已经具有较为完备的大学生德育工作体系，效果可观，大学生已基本掌握了社会主流道德意识，有着较强的道德观念，在行为方面也有所实行。但是社会的不断发展也对大学生提出了新的要求,因此,大学生德育教育也需要跟随时代和社会的发展脚步,培养出符合社会发展的高素质人才。对此,高校需要注重大学生德育工作的开展与完善。

二、大学生德育的现状分析

(一)大学生德育取得的成绩

1.主流思想政治观点正确

大学生普遍认同和拥护党,赞同党在现阶段的理论、路线、方针、政策,头脑清醒地面对纷繁复杂的形势,与党中央保持一致,政治方向正确,具有高度的政治觉悟和强烈的爱国热情。国家极为重视大学生的思想政治教育。受教育部委托,全国大学生思想政治教育发展研究中心于 2019 年 1~5 月开展了高校学生思想政治状况滚动调查,调查问卷采用问卷调查与访谈相结合、网上调查与线下调查相结合的方式进行。线下调查在京、津、黑、沪、浙、赣、鲁、豫、鄂、粤、川、渝、滇、陕、宁、新等 16 个省(区、市)和新疆生产建设兵团开展。网上调查通过上海"易班"网进行。调查显示,当前大学生主流思想继续保持积极健康、向上向好的良好态势。调查显示,大学生充分肯定 2019 年政府工作,高度认同以习近平同志为核心的党中央治国理政新理念新思想新战略。大学生对调查所列举的 2019 年以来的九项年度重大决策部署均保持较高满意度,其中对推进社会主义法治国家建设、持之以恒落实中央八项规定、制订"互联网+"行动计划的满意度居前三位。大学生中国特色社会主义道路自信、理论自信、制度自信、文化自信进一步坚定,对党和国家的未来充满信心。分别有 89.9%、81.0%、83.7%的学生赞同我国必须坚持"走中国特色社会主义道路""人民代表大会制度""公有制为主体、多种所有制经济共同发展的基本经济制度",分别比 2018 年上升 1.9、3.7 和 1.9 个百分点。95.4%的学生认可"中国特色社会主义事业进一步发展,综合国力不断增强,国际地位明显提高"。对"经济将保持中高速增长,产业将迈向中高端水平""2020 年我国将全面建成小康社会"等未来发展趋势持乐观态度的学生也保持较高比例。

2.学生成长成才愿望强烈

根据 2019 年高校学生思想政治状况滚动调查结果,大学生积极培育和践行社会主义核心价值观,立志成长成才、提升道德素养、投身社会实践的意识进一步增强。91.2%的学生赞同"核心价值观是一个民族赖以维系的精神纽带,是一个国家共同的思想道德基础"。92.8%的学生赞同"大学生应成为社会主义核心价值观的积极传播者和践行者",98.0%的学生赞同"诚信是做人之本",与2018年相比分别增加了1.4和1.1个百分点,广大学生对社会主义核心价值观的知晓率、认同度不断提升,培育和践行核心价值观的积极性也明显提升。

(二)大学生德育存在的问题

1.德育认同度不高,实效性差

在当前教育环境下,应试教育依旧是检验学生能力的主要标准。考试成绩作为评优的最基本标准;用人单位将学业成绩作为录用评判标准;证书考试通过作为学校教学质量的评估依据。在这样的情况下,智育得到重视,在德育领域,却存在"说起来重要、做起来次要、忙起来不要"的现象。很多教育者没有将双方的道德原则相统一,自己不愿或不能做到的,却要求学生必须做到。如陶行知所说,"他们和学生是两个阶级,在两个世界活着"。教育者对自己、对受教育者的双重标准,不仅损害教育者的形象,而且会降低德育的效果。

当前,大学生对德育的认同度不高,部分学生不重视甚至不喜欢思想政治理论课,在参加德育活动时不积极甚至敷衍,有一些学生认为,冠冕堂皇的话每个人都说,没有人会做,德育只是在教人说"假大空",没有实际意义,只要不挂科就万事大吉了。

2.德育内容参差不齐,德育成果不平衡

大学生德育内容可以在横向上从学理的角度划分为多个类别。目前,比较权威和为学术界所公认的划分方法为:思想教育、政治教育、道德教育、法纪教育、心理教育。在大学生德育内容体系中,各项教育内容相互联系、相互渗透,共同培育着大学生德育的发展。但是就当前来看,德育内容全面有余,细致不足。大学生德育内容结构从横向上分为思想教育、政治教育、道德教育、法纪教育、心理教育五个方面,非常全面,但也非常宏观。这就导致其内容过于宽泛,只要略有涉及就可以添加进去,稍微遗漏些许内容也并无大碍。这就带来两个问题:一方面,内容体系缺乏权威性,随意性较大。教育内容很大程度上取决于高校的课程设置和教师的知识构成,缺乏科学依据和权威指导的课程,难免会误人子弟。另一方面,内容体系过于宽泛,导致知识点没有讲透彻。这使得学生们无法明晰德育的具体内容,只习得皮毛,导致学习时漫无目的。

（三）大学生德育存在问题的原因

1.大学生德育工作方面

高校学生德育工作直接影响大学生的健康成长和全面发展。当前大学生德育工作存在以下几点不足。

（1）辅导员队伍建设有待加强

辅导员是大学生的学校"监护人"，他是联系教师与学生的桥梁，同时也是大学生健康成长的益友，更是推进教育实施的骨干力量。虽然每位辅导员都兢兢业业地工作，肩负着保障大学生健康成长的重任，但在辅导员队伍建设上却存在以下几个问题。

①管理机制不完善，人才流失严重。目前在我国高校，辅导员队伍的管理机制暂时还不健全，主要体现在选拔聘任、集中培养和绩效考核三方面。长期以来高校辅导员队伍聘任制没有一个统一的制度规范，辅导员招聘往往不限专业，因此导致辅导员队伍人员素质参差不齐。招聘之后也缺乏统一的专业培训，由于大多数新入职辅导员缺少工作经验，导致工作效率低下，效果差。辅导员工作往往渗透于学生的日常管理和教育中，难以进行有效的考核，工作繁杂，却在职称评定、福利待遇和认可度方面较差，因此导致辅导员流失严重。

②专业知识欠缺，专业素质不扎实。良好的专业知识和专业素质是有效开展工作的重要保障，辅导员岗位的特殊性决定了辅导员需要具备多方面的专业知识。当前，辅导员大多具备良好的组织策划能力，有较强的语言表达能力和管理能力。但是大家大部分辅导员开展工作往往都是按照各自的经验来进行的，缺乏一定的严谨性和科学性指导，专业知识和专业素质有待提高。

③冗杂的事务性工作影响思政教育。辅导员作为思政教育工作的重要岗位，应以学生的思想引领和思政教育为主业，而随着高校的发展，行政事务越来越繁杂，在二级学院缺少相关人员的情况下，往往由辅导员担任各种事务性工作，各种头衔集中于辅导员身上；同时，辅导员的工作需要对接学校各职能部门，容易形成"上面千条线，下面一根针"的局面。许多高校辅导员成为学生在校期间的"保姆"，学生有事就找辅导员，这些都导致辅导员思政教育职能的发挥受到一定影响。

④人员配备不达标，工作压力大。教育部在 2017 年修订出台的《普通高等学校辅导员队伍建设规定》中，对于高校辅导员岗位的师生比提出明确要求，不低于1：200比例设置辅导员岗位师生比。在实际情况中，各高校的辅导员师生比往往

远远小于1：200,多数高校在解决师生比的问题上采取的做法是要求新入职的专业教师兼任辅导员,因为专业任课老师并不是专职辅导员,因此在实际工作中往往无法帮助专职辅导员分担工作压力。

(2)德育内容陈旧,缺乏时代性

德育内容作为影响学生思想道德的规范体系,理应跟随时代的发展不断更新和扩充内容。然而,许多高校并没有这么做。这就导致德育教育的内容过于陈旧,不仅观点过时,还脱离了现代社会和学生实际,使其无法对诸如热点话题、时事政治等方面做出合理的解答。社会在不断向前发展,大学生的特点在不断变化。因此,德育教育的内容也要紧跟时代的步伐,一切从实际出发,不断充实德育内容。

(3)德育方法呆板,缺乏实践性

德育方法,即德育教育过程中采用的方法的总和。目前,大部分的德育课堂教学都采用最传统的方法——灌输法。灌输法虽然能行之有效地帮助学生树立正确的政治方向,但这不仅会因其强制性的教学方式引起学生的逆反心理,还会忽视理论与实践相结合的重要作用。灌输法忽视了学生的内在需要和情感体验,使理论教学无法引起学生的共鸣,教学效果大打折扣;实践法则完美解决了这个弊端,借助实践的情境,让学生积极动手、主动反思,能够更好地培养学生的自我教育意识,激发学生积极的情感体验,提高德育的实效性。

2.大学生自身方面

大学生作为学习者,将受到的教育内化为信念和意志,外化为行为和习惯,是一个长期的过程。在这期间,如果大学生自身存在以下问题,则会大幅降低德育教育的实效性。

(1)缺乏明确的自我教育意识

大学与中学完全不同,大学生没有严格的课程设计和繁重的课后任务,因而大学生拥有相对较多的自由支配时间。许多大学新生无法适应和中学截然不同的大学生活,更有一些缺乏自我教育意识和职业生涯规划的大学生因过分放松而荒废学业,这些都是影响德育实效性的重要因素。其实,大学时期的时间是有限的,而需要学习的知识和必须掌握的技能很多,大学所谓的自由只是给学生自我发展的机会。在这种情况下,越来越多的人意识到自我教育的必要性。自我教育,是指受教育者认识自己、教育自己的全部过程。大学生的自我教育,就是大学生自觉地以自己已经形成的思想品德为基础,提出且监督自己实现一定的德育目标,并评价自己的德育实践结果的过程。

（2）缺乏明确的自我教育行为

现在的大学生以独生子女为主，如同温室的花朵一样，长期处在父母的保护之下，在学习、生活上具有强烈的依赖性，同时独立性、人际关系能力、对于打击的承受能力都很薄弱，尤其缺乏自我教育行为。更有一些大学生存在极强的逆反心理，极易对德育教育产生厌恶心理，甚至"左耳朵听，右耳朵冒"。对这些学生进行德育教育，基本不可能取得良好的效果。

（3）以自我为中心

在市场经济的影响下，有一部分大学生越来越看重自身利益，对集体主义价值观日趋淡漠。当个人利益与集体利益发生冲突时，他们首先考虑的是个人利益。这些学生只注重个人发展，忽视集体的价值，缺乏合作精神。这就注定了他们无法认同德育的观念，就更不要说让他们学习德育。

3.德育环境方面

人的思想品德的发展受自身成长环境的影响。同样，大学生德育的实效性也或多或少地受到德育环境的影响。大学生在自身思想品德形成和发展的过程中，无法避免地会受到网络信息的影响，在校内会受到学校的影响，在校外又会受到社会带来的影响，种种负面的德育环境都会对大学生造成不良影响。

（1）学校环境

杜威在《民主主义与教育》中，极大地肯定了教育的社会功能，认为学校是唯一一个可以有意识、有主见地教育年轻人的场所。学校环境包括教风、学风、校风、人际关系、校园文化、教学活动、课外活动，这些所有的内在和外在的、有形和无形的因素，共同组成了校园的特殊环境。学校作为一个长期的学习和生活的场所，学生必然会或多或少地受到环境和气氛的影响，使学生陶冶情操、锻炼意志、塑造人格。

学校环境给学生的影响是渐变式的，是潜移默化的，但是却有着明显的导向性。这种导向性是正面的，它有助于给学生树立正确的思想品德观念，减少乃至避免学生成长过程中的盲目性。因此，学校就必须要充分调动各方面的力量，协调好各种因素之间的关系，从而营造出良好的校园环境，促进学生的德育健康发展。学校是社会的窗口，学生可以通过这个窗口，了解并体验社会的诸多文化和道德规范。

随着我国高等教育事业的发展，以及国民综合素质水平的提升，越来越多的青年走进了大学的校门，顺应发展的良好局面，很多高校为了扩大招生数量，都开始建设新校区。学校在建设新校区期间，往往会因工期紧迫、任务繁重等方面的问题,顾此失彼,难以顾及甚至忽视了校园文化的建设。这就会导致新校区普遍缺乏大学传统文化氛围,缺乏人文关怀和大学精神的熏陶。同时也要注意,校园在吸收社会主流文化时,要"取其精华,去其糟粕",避免负面文化给良好的校园环境带来的巨大冲击。

(2)社会环境

自从我国步入21世纪,在短短的十几年里,就在现代化建设、市场经济、对外开放等方面取得了重大突破,综合国力不断增强,国际地位大幅提高。在这种背景条件下,社会环境日益复杂,其带来的不良影响,已成为阻碍大学生德育实效性的重要因素,德育教育迎来了巨大的挑战。诸如市场经济、多种所有制形式并存等直接涉及社会利益关系的政策,在其调整的过程中必然会引发利益矛盾,势必会对人们的理想信念和价值取向产生影响。

市场经济以市场为主要手段调节资源配置,以经济效益为根本,优胜劣汰为法则的市场主体,在法律制度尚不完善的情况下,极易诱发极端利己主义和个人主义倾向。在现实的社会生活中,充斥着良莠不齐的思想意识。这种复杂的、多元的价值观念不可避免地会对高校德育产生影响,这对正在成长中的大学生影响最为深刻,甚至决定了他们的未来。

当前,社会主义民主和法制建设的状况、执政党的党风状况、党员领导干部的勤政廉政状况,都在很大程度上影响大学生德育教育的实施。其中,社会主义民主和法制建设的状况,现阶段已成为影响德育实效性的关键性因素。当前我国社会主义民主建设还需要不断完善和发展,法制也需要进一步健全。以权谋私、权钱交易、腐败之风、徇私枉法等不良社会现象,不仅阻碍了社会主义民主和法制建设的进程,还对高校德育工作和大学生的思想产生了严重的负面影响。

(3)网络环境

在当今社会,信息传播形式和途径多种多样,有图书、报纸、杂志、广播、电视、网络等形式,遍布社会生活的每一个角落。其中,网络已成为最主要的信息传播途径,是大学生最快捷、最有效的信息获取方式,成为大学生学习和交流的首选平台。

网络是一把双刃剑:一方面,它能为大学生的学习和交流提供便利条件;另一方面,它也会诱发大学生心理和精神方面的问题,给高校德育的实际带来巨大的阻碍。网络交往形式多样,可打字、可语音、还可视频。然而,网络交往终究无法替代人与人之间面对面的交往。现今,越来越多的人选择网络交往,人机对话的交往日渐普遍,而人与人面对面的交流和沟通日益减少。如果一个人长期缺乏感性的联系,极易产生情感上的疏远,很难与他人建立可靠的人际关系,进而诱发各种心理疾病,导致交往能力的缺陷。

网络汇聚了海量的信息,但其内容良莠不齐。大学生在网络中很容易受到各种无用信息的干扰,使其偏离了上网的初衷,将大量的时间和精力花费在冗杂和无用的信息上,严重阻碍了大学生对有用知识的吸收和利用。此外,网络中还充斥着各种形式的不健康的信息,考验着判断力尚待提高的大学生。一些错误的观点也对高校德育工作造成了干扰。

第三节　多元文化背景下我国大学生德育的指导思想

一、强化马克思主义的指导地位

(一)马克思、恩格斯的德育思想

马克思、恩格斯的理论不仅为无产阶级的革命和发展壮大指明了前行方向,同时也蕴含着丰富的德育思想。在马克思、恩格斯的时代,工人阶级主要通过"社会大学"——夜校、学习培训班和集会演讲等,从中学习并逐渐产生工人阶级的觉悟。这些受过培训的工人阶级,为无产阶级政党的发展壮大做了大量的宣传教育工作,也为科学德育活动奠定了坚实的理论基础。

马克思、恩格斯认为德育是培养人的社会性本质,目的是实现人的全面发展。他们指出,培养和造就一代又一代全面发展的人,既是教育的根本目标,也是包括德育在内的教育的重要科学德育理论。马克思在《资本论》中进一步明确指出,教育与生产劳动相结合,是培养全面发展的人的根本途径。要使人得到真正的自由全面发展,只有在教育与生产劳动相结合中才能真正实现。

总之,马克思、恩格斯所创立的新学说中蕴含的德育思想,为科学的德育理论和实践奠定了坚实的基础,指导着各国无产阶级德育理论和实践。

(二)坚持用马克思主义一元化的指导思想引领多元文化

意识形态是社会生活中指导众人行为和引领价值观等方面的思想,该思想每个人都有,却不尽相同。正如毛泽东同志所说的:"凡是要推翻一个政权,总是要先造成舆论,总要先做意识形态的工作,革命的阶级是这样,反革命的阶级也是这样。"当前,我们必须充分认识思想文化领域具有的多元性,深入研究其利害关系,趋利避害;客观分析其对党的指导思想的影响,坚持并巩固马克思主义意识形态的指导地位。

1. 必须加强马克思主义的基本理论教育,打牢思想根基

首先,我们要明确一点,即意识形态是一种"思想理论体系",它并不是真理一般的存在,因此需要跟随时代的发展,不断改进与丰富自身。值得一提的是,当代西方社会的社会主义思潮,其理论基础是由早期的马克思主义与自身的理论经深度结合与高度创新产生的。由此可见,如果要将马克思主义这一意识形态的指导地位长久保持,就必须在思想上予以高度重视,在理论上坚持与时俱进,在实践中创新发展,在共处中做到博采众长。其次,必须对全党、全国人民进行马克思主义基本理论的教育,打牢思想根基。社会主义意识形态不是几个工人意识的简单相加就能得到的,更不是工人队伍的凭空造物,它必须依靠外部的输入,将这种思想意识灌输到工人队伍中。列宁就明确地指出:"对工人运动自发性的任何崇拜和对'自觉成分'的作用即社会民主党作用的任何轻视,都是——完全不管轻视者自己愿意与否——加强资产阶级思想体系对于工人的影响。"毛泽东早就说过,"指导我们思想的理论基础是马克思列宁主义";邓小平曾反复强调,"对马克思主义的信仰是中国革命胜利的一种精神动力";江泽民也一再强调,建设有中国特色的社会主义必须以马列主义、毛泽东思想、邓小平理论为指导。这些经历过时间考验的思想方针,无不把马克思主义理论置于最重要的地位。在当代中国,用马克思列宁主义、毛泽东思想、邓小平理论、"三个代表"重要思想、科学发展观、习近平新时代中国特色社会主义思想武装全党、教育人民,其核心目的就是巩固马克思主义在意识形态领域内的指导地位。最后,要以马克思主义作为指导总方向,准确明辩思想谬误,坚决反对错误思想,使我国始终坚持马克思主义的主旋律。同时,还要把十几亿人的思想和力量凝聚起来,齐心协力地建设中国特色社会主义。我们要保持贯彻马克思主义理论不动摇,否则,党和全国人民就会失去最根本的思想准则。

2. 必须切实加强党对意识形态领域的领导,保证正确的舆论方向

推进我国进行社会主义现代化建设的领导核心是中国共产党。回顾我国长期以来在文化和意识形态领域的斗争,其实质就是关于中国该由谁领导,该坚持社会何种主义的问题。因此,我们要加强党在意识形态领域的领导。其一,各级党组织

及其负责人要不断加强自身的马克思主义理论功底，提高思想觉悟、理论水平和实际运用能力，同时也要加强研究西方意识形态理论，取其精华，去其糟粕。通过对自己、对他人的研究，构建中国特色社会主义理论体系，从而在思想理论上保证党对意识形态的领导。其二，各级党组织及其负责人要增强政治的敏锐性、鉴别能力和洞察力，了解最新的思想政治领域动态，把握准确的问题信息。增强工作的针对性，从而在政治上保障党对意识形态的领导。其三，要注重人才培养，将理论功底扎实、熟悉意识形态工作的同志选拔到岗位上。通过建立一支政治强、业务精、纪律严、作风正的工作队伍，从而保障党对意识形态的领导。其四，着力加强对思想宣传部门和单位的领导，尤其是在网络等新兴媒体方面的监督，确保舆论宣传工作有效稳定地运作。尤其要针对意识形态斗争长期性的特点，制定稳妥且连续的意识形态指导方针和工作规划。在执行上，要明确目标任务、工作重点、方法步骤，绝不可随意改变方针，也不能玩忽懈怠，确保在战略部署上保障党对意识形态的领导。

3.必须赋予主流意识形态鲜活的时代内容，增强公众对主流意识形态的认同感

向人民群众灌输马克思主义理论，首先要深入基层群众，听其所想，察其所需，再合理运用马克思主义理论，有说服力地去分析和回答群众在思想上迫切需要解决的问题。相反，如果不顾群众的感受，必定会遭到群众的厌恶。在意识形态的建设方面，要借助主流意识形态的功能，通过整合和引导社会思想，彻底摒弃"左"倾观念和错误意识，适应新形势的发展变化，吸收中国传统文化的精华和外来文化的优秀成果，从而增加公众对主流意识形态和政治文化的认同和支持。对待中国传统文化，我们要汲取中国优秀传统文化的精华。中国传统文化之中整体本位、诚实守信、追求高尚人格的价值观，属于文化的民族性范畴，它已经超越了时代的限制，应成为主流意识形态建设的重要来源。对待外来文化，我们要吸收世界政治文明和精神文明发展中被普遍认同的价值理念，它们对我们树立尊重知识尊重人才观念、自主观念、民主法治观念、公平竞争观念等文化观念产生了积极影响，成为我们意识形态建设的重要思想资源。

4.拓展思想政治理论教育的领域，处理好能力教育与道德教育的关系

要巩固马克思主义在意识形态领域内的指导地位，大学生的价值观和人文素

养教育不容忽视。自改革开放以来,大学生自我意识不断提高,对前途也愈发关注,在对社会改革和中国现代化进程进行观察和参与后,他们的思想观念发生了巨大变化。这种变化的主流是积极向上的,使大学生的爱国热情、国家安全意识都有所增强,也树立了支持改革开放、科教兴国战略,努力追求有发展前途、能发挥自己专长的工作的思想观念。与此同时,也有一些大学生产生了个人主义倾向的负面思想,使得他们会采取维护个人利益的方式处理问题。大学生是国家的人才,但着重培养能力还是培养德行成为目前社会所关注的问题。针对目前这一尴尬的现状,我们认为要着力德行的培养,而且,不但要培养,更要进一步拓展大学生德育的领域,使其突破政治观的范围,展现价值观和人文素养培育的丰富内涵。生命的尊严和可贵、公民意识和法律意识的培育、辨别真善美假恶丑的能力、热爱中华民族的情怀等都可以成为有意义的德育的内涵。若想要实现这一目标,就注定要依靠众多人文科学理念的协同教育,培养出能具有过现象看本质的能力,具有观一叶落而知天下秋的能力,以及明确自身地位、具有明鉴历史发展趋势的能力的高素质人才,这对于大学生综合人文素养的提高和科学价值观的形成具有重要意义。同时,德育教育必须要有相应的物质承当,否则,就会使其自身的价值取向异化为狭隘的控制思想观念的工具,失去了作为主流意识形态的作用和有效性。市场经济的知识观、信息观、效益观、竞争观之所以被社会广泛接受,原因就在于市场经济条件下的利益导向与这些价值导向是一致的。不妥善解决好物质承当问题,就难以真正形成健康的社会心态。大学生德育的内容,必须与社会生活接轨,并辅之以适当的社会实践活动。片面地追求精神价值、理想价值,而无视现实教育和物质价值,就注定会失败。21世纪的年轻一代,他们普遍具有更高的起点、视野和能量,我们也要改变自己,不能仅仅将他们视为被教育的对象。在指出他们的不足、引导他们前进的同时,还要着力营造一个繁荣、稳定、民主的社会氛围,并创造相应的条件让他们感同身受。

二、积极践行习近平德育思想

站在新的历史起点上,我们需要重新审视自身,清醒地认识我国所处的发展环境,才能找到通往实现中华民族伟大复兴的中国梦的道路。不断推进中华民族的伟大复兴是一个长期的过程,不是简单喊几句口号就能实现的,这就需要我们找出自身存在的不足与问题,才能抓住实现目标的机遇。在新的历史时期,以习近平同志为核心的党中央综合分析国内外形势,形成了独特的德育思想。习近平德育思想内涵丰富、理论科学,适应我国当前的发展现状。该思想是在借鉴和吸取我国优秀传统文化精髓、深入思考我国在改革发展中面临的重大问题的基础上形成的。

(一)习近平德育思想的道德原则

当今,我国面临着复杂的国内外发展环境,我们迫切需要一面可以统领众人思想、凝聚群众力量的旗帜,以此引领众人在新的历史时期实现中华民族的伟大复兴与全面建成小康社会、"两个一百年"的奋斗目标。这面旗帜能够最大限度地凝聚民族共识和民族力量,还要能够集中反映广大群众的共同价值目标,体现人们共同的价值追求。我们需要对社会主义核心价值观进行升华,使其成为顺应时代发展、指导人们行为的道德原则。

1.新时期道德原则的最新概括

马克思曾指出:"在不同的占有形式上,在社会生存条件上,耸立着由各种不同的、表现独特的情感、幻想、思想方式和人生观构成的整个上层建筑。"

我国社会尚处于转型阶段,利益格局及社会结构等依旧处于不断发展与变化的状态,它们的变化造成了多元价值观并存的局面,进而频繁地引起因价值观不同导致的冲突。恩格斯曾指出:"在一切意识形态领域内传统都是一种巨大的保守力量。"在我国,多元价值观之间的冲突大多都是由新旧价值观的相互作用引发的。从我国目前形势来看,尤其是在市场经济冲击下的享乐主义、本位主义、利己主义价值观,严重阻碍了人们树立正确的价值观,造成并加剧了社会上的道德失范现象。因此,要使多元化的价值观有利于社会的发展,就需要对各类价值观进行有机整合,使其精华归类统一,并构建社会主义核心价值体系,借此有效发挥其促进经济社会发展和使人们树立正确价值观的重要功能。

党的十六届六中全会鲜明提出了"建设社会主义核心价值体系"的重大命题,但其内容过于专业化,既不利于发扬和传播,又不利于广大人民群众认同和践行。因此,通俗化地概括其核心内容,增强其说服力、感召力的工作势在必行。

2010 年以来,党和国家就社会主义核心价值观进行了广泛的研究。2012 年11 月,党的十八大报告用"三个倡导"从三个层面对"社会主义核心价值观"的内涵进行了阐述,这是我们党在广泛调研的基础上形成的对社会主义核心价值观的最新概括。这 24 个字,言简意赅地阐释了社会主义核心价值观的基本内容,不仅使广大人民群众理解了、认同了、践行了,同时也还提高了我们党对社会主义价值理论的认识,丰富和发展了马克思主义的价值理论。

2.新时期道德原则的精神实质

我们党经过不断的理论探索,经过理论认识的不断涤化,在新时期立足本国实际,提出了社会主义核心价值观。其精神实质主要体现在以下几点。

一是充分体现了社会主义的本质规定性。一方面,社会主义核心价值观是社会主义制度在价值层面的表现,体现了社会主义制度的要求;另一方面,社会主义核心价值观反映了中国的实际,并完美地与中国现实相结合,奠定了全国各族人民努力奋进的思想基石。

二是立足中国实践。社会主义核心价值观是一个开放的体系,需要借鉴外部价值观的积极因素,但它终究要立足中国社会的现实,具有鲜明的民族特色。正如邓小平所说,每个国家都有不同的基础和不同的历史……可以借鉴其他国家的经验,但不能模仿,更不能生搬硬套。因此,社会主义核心价值观的形成必须以我国发展的现实为基础,真正反映当代中国的发展价值观。它可以最大限度地提高人们的热情,并成为人们行动的指南。

三是体现了对时代精神的价值引领。价值展现了苟个时代人们的各种利益和需求,反映了一个时代遵循的价值原则,并彰显了特定时代的精神。随着实践的发展,社会主义的核心价值需要不断丰富和完善。"随着每一次社会制度的巨大历史变革,人们的观点和观念也会发生变革"。改革开放引起了中国社会的深刻变化,引起了不同利益集团和个人的思想观念差异。这就迫切需要我们加强思想理论建设,培育具有社会主义核心价值观的人民,以健康向上的文化引导人民。从而使人民对社会主义核心价值观达成共识,形成强大的合力,为全面深化改革提供强大的精神纽带。

3.社会主义核心价值观对集体主义的升华

集体主义是社会历史发展的产物,集体主义和个人主义的矛盾一直是贯穿社会发展的矛盾。在不同的历史阶段,人们对集体主义有不同的看法。在革命战争年代和新民主主义革命时期,面对西方列强的侵略和封建势力的压迫,马克思主义理论指导中国共产党,把实现社会主义作为中国共产党、作为全国人民的奋斗目标。在国家的生死关头,在集体利益和个人利益无法调和的时候,全国人民有意识地牺牲了个人利益,团结一心挽救民族危机。

新中国成立初期,党把国家利益置于个人利益之上,使新中国度过了艰难的时期。但是,经过艰难的时期之后,我们没有及时根据当时的国情调整集体主义价值观的内涵,导致对集体主义理论产生误解甚至引发了"文革"。"文革"后,人们开始总结经验教训,加深对集体主义的认识。

在社会主义市场经济中,没有市场,人们就无法生存。相应地,对个人价值的追求已成为市场经济中人们的价值选择。由于市场经济的特征和固有的缺陷,人们的价值选择受市场价值导向的影响。有些人过度追求物质财富,将重心放在个人利益上,再加上西方价值观的影响,导致拜金主义和个人主义的出现,进而引发"道德滑坡"和"信仰危机"等社会问题。面对这样的情况,党在凝聚人民的智慧的基础上,经反思、总结,在党的十八大报告中提出了顺应时代要求的、符合人民需求的社会主义核心价值观。其一,国家、社会和个人的"三者有机统一",反映出个人已经成为真正的价值推动者。曾几何时,苏联走向了解体,因为它既没有形成适合本国情况的价值观念,也没有满足与实现公众价值观念的需求。苏联的经验教训启示了我们:我们应该将个人视为价值的主体,尊重人民的主体地位,并建立个人独立发展的意识。只有确保个人意识的发展,才能实现更高水平的集体利益。党的十八大从三个层面进行作答,其细节无不反映出个人的主导地位。三者相互依存,相互促进。其二,国家、群体和个人的"三个有机整合",超越了资本主义社会的"物化"的个人主义价值观,是"人性化"的体现。党的十八大提出的社会主义核心价值观通过整合三者,继承了集体主义传统,赋予其时代特征,解答了发展困境,打破了"有用性"的价值关系,为发展中面临的挑战指明行动方向,有助于个人与集体、社会和国家之间冲突的正确协调,这是我们在新时代正确的价值选择。

(二)习近平德育思想的道德规范

一个国家和社会能否实现稳定发展,在一定程度上取决于本国人民的素养。改革开放以来,一方面,我国的道德建设得到了很大改善,形成了良好的道德风尚;另一方面,我们应该清醒地意识到,我们在道德建设上仍然存在许多疏漏,道德滑坡现象不时发生,一部分人仍存在精神空虚、缺乏信仰等情况。这些问题对我们社会的健康发展产生了不利影响。在新的时期,我们必须顺应时代的要求,遵循道德规范的约束,努力把道德建设提高到新的水平。

1. 以中国梦为引领的信念教育

在 21 世纪,由于社会变革的加速、价值多元化的影响以及贫富差距的扩大,人们在一定程度上形成了物质化和功利化的非正常心态。一些最初明确的价值观受到质疑,一些人的理想信念缺失,社会道德观念失去标准,种种的负面社会现象,无不警示我们中华民族的伦理道德面临严峻挑战。在全面建成小康社会的战略机遇时期,急需重新树立人们的信仰信念。因此,加强以中国梦为主导的理想信念教育尤为重要。

理想和信念是全国各族人民团结奋斗的精神纽带。中国共产党成立以来,始终要求党员牢固树立对马克思主义的信仰。党在发展壮大的过程中,遇到过许多挫折和磨难,但始终能够化险为夷,赢得胜利,变得更加强大,原因就在于我们党具有坚定的理想信念。坚定的理想和信念在各个时期都具有很强的凝聚力和吸引力。改革开放后,随着经济全球化的不断推进,在社会思潮日益多样化的影响下,部分党员干部因各种因素在理想信念上开始动摇,甚至失去了作为党员干部应有的理智,在精神空虚的状态下做出各种背离道德的事情。如果任由这种情况存在,必将给国家的发展产生巨大的破坏。习近平总书记强调了理想信念的重要价值。他指出,共产党人必须坚定自己的理想和信念,并坚持自己的精神追求。同时他还指出,理想和信念是共产党人的精神的"钙",一旦精神"缺钙",就会得"软骨病"。这形象生动地说明了理想和信念对人的重要性。

青年是国家的未来与希望,习近平总书记还极为重视青年的理想信念教育问题。

2013 年 5 月 4 日,习近平总书记与优秀青年代表座谈时强调,青年的价值取向决定了整个社会未来的价值取向,因此,对于年轻一代,其人生的扣子从一开始就要扣好。青年时期是塑造价值观的重要时期,在这一阶段如果树立了正确的价值观,不仅有益于个人的成长与发展,还有助于创造美好的社会未来。习近平总书记还指出,青年一代的理想是我们实现长远发展目标的强大力量源泉。青年只有在正确价值观的指导下严于律己,认真学习马克思主义理论,增强自己的理想信念,才能使自己成为国家所需要的人才,才能更好地为人民服务,为实现中国梦这一目标贡献力量。

2.注重立德修身的品德教育

国无德不兴,人无德不立。如果一个国家的发展缺乏道德力量的支持,那么无论其发展速度如何,它都将缺乏活力。一个国家的未来取决于其公民的素质,因为道德可以为社会带来光明和向上的动力。人而无德,行之不远。习近平总书记曾经说过:"一个人只有明大德、守公德、严私德,其才方能用得其所。"一个国家的繁荣与发展、一个社会的稳定与和谐、一个人的幸福与安康,都离不开道德支撑。

2014 年 9 月,习近平总书记在北京师范大学考察时指出,"百年大计,教育为本,教育大计,教师为本"。

我们要造就高素质的"四有老师",建立一支专业的师资队伍,为国家的振兴、教育的发展提供合格的教师,努力为社会主义事业的发展培养优秀的栋梁之才。自古以来,我国就一直在强调道德美德的培养。作为最光荣的职业,教师应自觉遵守其职业道德规范,重视教师的道德修养,做到关爱学生,要以德施教,以良好的人格修养促进学生全面发展。

2014年在北京文艺座谈会上,习近平总书记提出,文艺工作者应通过文学艺术作品传递积极向上的价值观。为此,文艺工作者要提高自身的学养、修养与涵养,不断学习,加强思想道德建设,始终把思想道德建设放在首位,恪守行业的职业道德,树立正确的价值观,增强文艺创作的使命感,以高标准严格要求自己的文艺创作水准,全心全意坚持文艺创作,并创作出高质量文艺作品回馈人们的信任与支持,使社会主义文艺事业稳步发展。

2014年3月,习近平总书记在参加第十二届全国人民代表大会第二次会议安徽代表团审议时,提出了"三严三实"的要求,它体现了新时期共产党员的价值追求,成为指导新形势下共产党员行动的行为准则。要求广大党员干部要认真践行"三严三实",以实际行动赢得人民的信赖。

2016年11月,习近平总书记在中国文学艺术界联合会第十次全国代表大会上发表讲话,指出文艺工作者要坚守自己的艺术理想,要做真善美的追求者和传递者,用高尚的文艺引领社会。

2016年12月,习近平在会见第一届全国文明家庭代表时指出,家庭教育的内容极为广泛,但道德教育是最重要的,它是教育我们如何成为"真正的人"。因此,有必要为孩子营造良好的家庭氛围,将优良的道德观念传递给孩子,使孩子走好美好生活的第一步。由此可见,习近平总书记特别注重以"家庭、家庭教育和家风"为内容的家庭文明建设,其有利于形成良好的社会风气。2016年11月,习近平总书记在会见中华全国新闻工作者协会第九届理事会全体代表时指出,新闻工作者应坚持正确的工作方向,成为党和人民信任的新闻工作者。

总之,习近平总书记在不同场合多次提到要加强道德建设。习近平总书记对教师、文艺工作者、党的干部、家庭文明代表和新闻工作者提出了殷勤的希望,以及需要各行各业遵守的道德规范,这对于加强和改善道德建设具有重要的理论和实践意义。

3.注重自省和自觉的典范教育

"国之安危在于政,民之治乱在于吏。"习近平总书记指出,我们强调德才兼备、以德为先,即要把思想道德建设放在首要的地位。党的十八大报告指出,搞好道德建设的基础,教育和指导党员干部实践社会主义荣辱观,以实际行动彰显共产党员的人格魅力。

多数党干部目前在道德操守上表现良好,但也要注意,一些党干部在某些利益的诱惑下出现道德失范,道德建设面临严峻挑战。党员干部是国家管理和社会治理的骨干力量,是社会各界关注的焦点,在社会生活中具有重要作用。党员干部是国家形象的代表,特别是在高度自主的媒体时代,党员干部在言行上无时无刻不受到人们的关注。领导干部率先领导社会风尚,以身作则,引领社会文明进步,身负重大的责任。这不仅是无形的压力,而且是党员干部作为公众人物形象必须履行的合法责任。"其身正,不令而行;其身不正,虽令不从。"党员干部的良好形象是社会的"风向标",具有明显的示范作用,可以集中力量,是促进社会和谐的强大力量。相反,如果一些党员干部的行为不符合道德标准的要求,久而久之,党的形象就会在人民心目中受到一定程度的影响。因此,必须加强道德建设,进一步提高党员干部的道德素养,以实际行动塑造共产党员的人格魅力。作为党员干部,必须始终依照习近平总书记提出和阐述的"四个能否"的理想信念标准反观自身,寻找自己的缺点,抵制诱惑,拧紧"总开关",按照"心中有党、心中有民、心中有责、心中有戒"的要求,提升自我修养和培养自律的内在化,贯彻行动原则,增强党员干部的威信,成为实现"两个一百年"奋斗目标和"四个全面"战略布局的中坚力量。

(三)习近平德育思想的方法创新

习近平总书记德育思想的方法,与新时期我国的国情、面临的机遇与挑战、全面建成小康社会和中国梦的实现相适应,概括起来主要有以下三种:

1.铸魂法

中华民族在五千年的历史中创造出了内涵丰富的中华文化。积极吸收传统文化的有益因素对树立人们正确的价值观具有重要意义。面对一些道德滑坡问题,我们迫切需要加强宣扬优良的传统文化。在这一过程中,我们必须采取正确的态度,即秉承取其精华、去其糟粕,坚持古为今用、推陈出新。

文化上缺乏自信、自强与自立,这种处境如临深渊。这种情况不仅造成每个人的精神造成巨大压迫,而且会影响到整个国家的安全。当前,各国文化之间的"战争"日益激烈,甚至有些西方资本主义国家开始从意识形态的角度发起进攻,将其文化渗透到我国。如果我们不能在继承和弘扬中华民族优秀传统文化中站稳脚跟,辨别并剔除不利或腐朽的文化,那么我们所谓的文化自强就等于纸上谈兵,中华民族的伟大复兴将成为空谈。因此,继承和弘扬中华民族优秀的传统文化已成为时代发展和民族复兴的当务之急。加强优秀传统文化教育,主要可以通过以下三个方面:第一,加强民族感情教育,培养爱国主义,增强国家认同感,建立民族自信心,为实现伟大复兴的中国梦不懈努力奋斗;第二,加强社会关怀教育,树立人们的集体主义意识,使人们正确处理个人与社会、人与自然的关系,形成互帮互助的良好社会氛围;第三,加强人格修养教育,培养人民的健全人格和高尚的道德情操,养成良好的道德修养和行为习惯。这三个领域的教育不仅吸收了传统文化的积极因素,而且适应需要解决的实际问题。我们不仅要把优良传统文化的弘扬与时代精神的发展结合起来,还要在继承中进行创新,在创新中发展,使传统文化成为人们的内心追求,成为人们具体的外在实际行动,从而为实现中国梦汇集强大的精神力量。

2. 慎独法

自古以来,人的行为一直受到两个因素的约束:一个是内在的自律,如通过道德化等方面加以内化;另一个是外部的约束,如法律法规、传统习俗等。只有遵循道德规范,我们才能激发我们内在的自律;只有在党纪约束下,我们才可以明确行为的方向。马克思多次强调:"道德的基础是人类精神的自律。""一个不能克服自身相互斗争的因素的人,又怎能抗拒生活的猛烈冲击,怎能安静地从事活动呢?"国无德不兴,人无德不立。对我们党来说,纪律是书面上的规定,而道德是内在的自律。但是,自律不能涵盖所有领域,它终究是一种硬性的约束。若要从根本上防止党员干部的越轨行为,关键要依靠党员干部发自内心的自律慎独。"君子戒慎乎其所不睹,恐惧乎其所不闻。莫见乎隐,莫显乎微,故君子慎其独也。"意思是指人即使在独处之时,仍然能自觉地依照一定的准则行事。自律慎独作为一种自我监管、自我调控和自我约束的内在形式,比其他他律形式(例如法律制度)更持久、更稳定,并且不容易受到环境的影响。任何外部约束只有在自律慎独的作用下,才能实现内化于心、外化于行。

慎独意识本质上彰显了自我追求和修养的精神境界,更体现了个人崇高的道德境界。在一个复杂的社会中,树立并坚守慎独的意识,既体现了社会文明的程度,又反映了国家的发展与进步。党员干部,特别是代表党和国家的领导干部,树立慎独意识极为重要。这是因为领导干部握有国家赋予的更多、更大的权力,担任重要的职责,其一言一行、一举一动无不受到社会各界的高度关注。一旦在各种诱惑和不良习惯影响下,党员干部没有坚守慎独意识,将会对党的声望产生一定负面的影响,进而影响其在人民心中的地位、眼中的形象。实际上,党章及党规、党纪都在制度上严格规范了党员干部的行为,党员干部必须时刻守得住底线、管得住言行、耐得住清贫、忍得住诱惑,永远保持党员廉洁自律的精神,努力达到"内圣"的境界——既有道德修养的魅力,又有传递正能量的感召力。可以说,在党员干部中树立"底线思维",树立慎独意识,是我们党在新时期的一项长期任务。

3.笃行法

要树立崇高的理想信念和道德情操,最重要的是将志向、实践和道德修养提升到主体地位。一般而言,中国传统伦理道德理论倡导道德实践与道德修养的统一。

只有将传统文化转化为人们的实际行动,才能真正发挥其作用。孔子把律己和修身作为自己伦理学说的起点,作为实现儒家政治抱负和理想的基本要求。传统文化中的伦理道德思想从人性论引出道德修养理论,认为人性是善恶并存的,行善则向善前行,作恶则向恶发展,所以我们应该进行自我修养,向善人的方向努力。在修养方法上,它强调内省和反思,通过不断检讨自己的缺点和不足,端正心态,在自我否定中加强自我修养和德行的培养。同时,它还倡导"实践",实践良好的道德传统,以此实现内心良知的开化,从而形成了修养与实践相统一的传统。中国博大精深的文化认为,社会的进步,健全完善的人格,重点不是知识和言辞,而是行动。"力行近乎仁""君子讷于言而敏于行"等,都在强调亲身实践重要性。在明代,王阳明提出了知识与行为统一的观点,并将美德实践提升到哲学的高度。正是这种勇敢而坚定的传统美德使中华民族不畏各种困境,不断自我完善和鼓足勇气向前迈进。

习近平总书记极其重视道德实践。他曾强调,要向道德模范学习,充分展现道德模范这一面社会主义道德建设的旗帜;强调要深入开展学习和宣传道德模范的先进事迹,传递积极正能量,为中华民族伟大复兴的中国梦的实现提供道德方面的强有力支撑。当代中国正处于改革的深水区,改革发展任务艰巨,面临许多挑战。越是关键时期,广大党员干部越要热情,要勇于发挥,要敢于担当,自觉践行"三严三实",自我检查、自我清理、自我整顿,从为人之道、为政之德等方面树立诚信意识,不断锤炼党性,提升个人境界,树立良好的形象。另外,改革时期的年轻人要牢记"艰难困苦,玉汝于成"的原则,在艰苦的生活中锻炼毅力,在困难的环境中体会生活,从而最终收获成功的喜悦。习近平总书记还指出了加强对年轻人的道德教育的重要性。年轻人必须了解,只有通过在实践的大熔炉中增加知识和加强技能,他们才能成为国家的支柱并实现其人生价值。

第二章 多元文化背景下大学生德育的新变化与发展路径

随着我国经济建设取得巨大成就,社会主要矛盾发生了变化,人们的思想政治素质、道德修养、法治素养都有了新的变化,大学生作为实现"两个百年"目标的主力军,他们的思想道德素质和法治素养也具有新时代的特征。如何加强对新时代大学生的教育,引导他们正确认识、准确运用道德和法律规范,调节思想行为,提升基本素养,是教育工作者应该思考的问题和努力的方向。本章研究的是多元文化背景下大学生德育的新变化与发展路径,内容主要涉及多元文化背景下大学生德育的新变化、多元文化背景下大学生德育面临的机遇与挑战、多元文化背景下大学生德育发展创新的路径选择三个方面。

第一节 多元文化背景下大学生德育的新变化

一、多元文化背景下大学生德育的新发展

(一)多元文化与大学生德育的关系

多元文化影响大学生的思想观念、生活方式、学习态度、思维习惯、审美取向和价值追求,甚至对大学生的思想、行为和价值选择产生影响。在这种多元文化背景下,高校思想政治教育必须始终坚持主流性导向、人文性导向、民族性导向、审美性导向、多样性导向来引导校园的文化阵地。

1. 文化多元化推动学校德育改革和发展

在一个单一的文化社会中,德育的发展受到各种限制。面对各种压力,德育所缺乏的是正确的独立发展观,"德育的性质、目标、功能、角色机制等均就范于某种特定的社会文化霸权式的话语与规范。传递、复制、诠释、美化社会文化成为德育的根本性的存在依据"。① 因此,德育被赋予工具性、依附性,仅仅服务于维护社会稳定、政治稳固的目的和需要。然而,文化多样性激发了学校德育的氛围和学校德育改革思路,从而促进了德育改革,使学校德育具有了三大特征:①学校道德教育不再是社会的副产品,它从对社会的单纯服从关系转向双方的配合,它侧重于道德教育在促进人类社会进步中所具有的巨大作用;②学校德育的价值得到了提升,其本性的特征得到了彰显。德育的本质意义在于不断塑造和完善德育人格,以促进社会和个人的全面和谐发展;③学校德育具有更多开放性。文化的多样性削弱了文化对德育发展的限制,在这种情况下,德育具有自由发展的空间。它具有更大的自主权,并在发展人类个性和潜力中发挥更大的作用。

2. 学校德育促进文化多元化的发展与繁荣

反过来,学校德育的蓬勃健康发展在促进文化多样性繁荣发展方面也发挥了巨大作用,因为学校德育不断地创造新的文化,同时它也在延续并传递着某种文化。具体而言,主要有以下几种方式:①学校品德教育是维护文化的基础,是保持文化多样性并存的根基。学校德育在维护文化多样性方面具有两层含义,其一是自身文化的传承,其二是吸收外国文化或异质文化。文化传承是德育的功能之一,正是依靠德育的这一功能,才保持并维系着现有的社会文化。也可以说,德育的存在,使原有文化的各个要素相互吸引,从而加固了自身的结构,使其不会发生改变,既保持文化的相对稳定性,又维持文化多样性的存在。例如,中国学校德育中文化多样性的维护主要通过以下三种方式来实现:一是吸收中国传统文化的优良元素,二是吸收外国先进的文化和价值观,三是吸收顺应我国发展现状的新的文化和新的价值。②学校德育通过传播异质文化,为学生提供了与不同文化接触和交流的机会,并为学生介绍具有不同价值取向的多种文化。接触越多异质文化,学生就越容易形成适应外国文化的特性。这种适应性使学生更容易掌握异质文化的本质,从而与他们原有的文化基础发生碰撞,创造新的文化,并促进文化多样性的不断发

---

① 王学风.论多元文化与学校德育的互动发展[J].华南师范大学学报,2005(4).

展和繁荣。③学校德育通过对传统文化的批判吸收来创造新文化。创新是一个国家进步的灵魂,学校通过德育培养了新一代的创新型人才,使他们继承了传统文化的精髓,排除了其中的糟粕,与现代文化相结合,创造出符合时代要求的新文化,促进了文化多元化的繁荣与发展。

(二)多元文化视阈下大学生德育的变化

1.德育环境的变化

(1)物质(实体)环境追求自然化、科技化与人文化的和谐统一

在价值多元化环境下,学校从过去条件艰苦、设施简陋、富有强烈政治色彩的物质环境,逐步向自然、科技、人文、政治、经济、文化诸方面相互渗透、融合的方向转变。物质环境不仅注重物理空间、自然风景,更强调其间接的育人功能。从校园内屹立的铭文巨石,到走廊里悬挂的名言警句;从林道中淌过的清澈溪流,到讲堂上不绝的言传身教,无时无刻不在潜移默化地陶冶着学生的情操,将学生道德人格引入正道,并促进他们的成长与发展。目前,许多高校提出建设"绿色校园""生态校园""人文校园""科技校园"等,使学生"如入芝兰之室,久而自芳吧"。

(2)知识(信息)环境具有即时性、选择性、交互性、整合性

在现代社会,知识教育体系正迎来巨大变革,使接受教育的人们面临着前所未有的文化信息选择。知识(信息)的即时交换和整合已成为必然趋势。所谓"即时",是指在道德教育内容的选择上,不仅要坚持和弘扬传统道德价值观,而且要彰显时代精神,融合竞争、民主、法制、尊重差异和个性等一系列现代价值观。所谓"整合",主要是指传统道德知识与新道德知识、道德发展与文化习得之间的融合。学校在学科教学和学生的日常生活中,将道德教育及其影响渗透进去,引导学生关注社会形势和生活状况的变化,建立即时、选择、交互、整合的学校德育知识环境,使各种文化和价值观能够相互理解、尊重和平衡。

(3)人际(交往)环境具有平等、对话、开放和自由的特性

美国著名学者萨乔万尼指出:"一个有德行的学校具有如下特征:为发挥其在帮助学生学习全部方面的潜能,学校内部和学生本身必须转变为一种学习共同体;每一个学生都能够学习,并竭尽全力去做能看到学生的确在学习的一切事情;谋求为全体学生提供支持;有德行的学校允诺尊重;家长、教师、社区和学校都是伙伴,他们享有互惠和互依的参与权和受益权,负有支持和帮助的义务和责任。"萨乔万尼的这一精辟见解,指出了现代学校德育必须重视人际环境的建设,保证对话双方

的平等地位,通过开放自由、彼此尊重的对话方式,最大限度地调动受教育者的主体性。

(4)制度(管理)环境中理解式、参与式、自主式管理逐步增强

我国传统的学校德育管理有较强的控制性和操纵性。随着尊重个人、以人为本、民主管理和共同协商等价值观的日益普及,学校的德育管理也发生了巨大的变化——机械刻板的量化管理已逐渐被历史淘汰,简单粗暴的"一刀切"管理模式正缓缓退出学校这一平台。标准取向和差异考量、制度规范和人本主义立场、外部法律和团体监督越来越紧密。教育者学会了尊重每个学生的差异和主观能力,学校将部分管理权归还给学生,使学生可以在老师的指导下独立进行管理,摆脱被动管理的被动状态,最大限度地提高他们在道德成长过程中的主动性和自觉性。

2. 德育理念的嬗变

在相对单一的文化中,道德教育忽略了人性。它不是基于人类,也没有以人类发展为根本目的,与人类的需求相分离,缺乏真正的人文关怀,只是扮演了主流文化的"传声筒"。这种道德教育在传播单一文化的同时,势必会在更深层次上扼杀人类的自主性和创造性,它只能按照已有的、被制度化的、定论了的文化模具训练人、加工人。也就是说,德育实质完全是按照过去及现在固有的、外在的社会化标准机械地塑造人。它不仅完全否定其内在的品质与逻辑,而且完全漠视、抹杀了受教育者个体的个性、主动性及自我构建性。在文化多样性的背景下,学生自主文化取向权的发展对传统德育理念和模式提出了合理性的质疑。这些理念和模式忽视了人类多元文化的需求,限制了人类多元文化价值的选择,并压制了人类多元文化创造的欲望。基于此,学生群体对德育理念和模式的转变提出了强烈的诉求。德育不仅承担着继承和保存文化的历史使命,而且承担着创造和发展文化的重要责任。为了承担这项重要任务,德育必须实现发展理念和发展模式的根本转变。德育理念与模式转变的根本点是实现德育的人本化发展,即将包含"工具—驯服型"、只注重文化灌输、教人学会服从的德育,转变为涵盖"主体—发展型"、以人为本、注重文化创新与发展、教人学会选择的德育。在这一观念的指导下,国内外许多学者集中对新型德育内容展开研究,从而满足多元文化的需求,从而推动了德育的发展。

3. 德育内容的丰富

德育内容是德育目标最直接的体现,为实现德育目标服务。在一元文化的社

会背景下,学校德育作为传承文化的唯一途径,其讲授内容主要集中在道德知识上,尤其是主流文化。在多元文化时代,道德思维的培养成为重中之重。学校是微缩的社会,当社会处于开放和多元化的状态时,学校中必然存在着多元文化。在这种环境下,个体无疑将面临选择,追求多样性是人的天性,多元文化为充分释放人性提供了先决条件。在多元化的社会中,学校德育内容表现出多种多样的特征。各国相继改革了固定的、标准化的、缺乏多样性的德育内容,创造了具有多样性、个性、乡土气息和民族特色的德育内容。例如,在我国自然经济时代,小农生产的发展和经济领域的自给自足,以及政治领域高度集中的封建专制统治,决定了文化的统一性和封闭性。文化由统治阶级控制,服务于统治阶级,成为压制人民、控制人民和驯化人民的主要工具。"四书"和"五经"是德育的唯一内容,这些内容从整体上反映了儒家伦理思想。这样,社会成员就可以灌输统一的道德价值观和社会行为模式,培养支持统一文化的"顺民",以确保社会的高度稳定。随着多元文化时代的到来,我国学校道德教育的内容也在不断丰富,既继承了传统文化的精髓,又大胆吸收了西方文化的有益因素。在美国,从来没有统一的学校德育内容,不同的州、不同的地区,甚至不同的学校和不同的班级都有不同的道德教育内容,新加坡的小学道德分别以英语、中文、马来语和泰米尔语教学,不同的教学语言具有不同的内容。

4.德育方法的改革

在单一文化社会中,学校德育的封闭性和专断性决定了其德育方法侧重于灌输,强调了教师将德育知识注入学生。美国发展心理学家科尔伯格曾经明确指出:"灌输既不是教授道德的方法,也不是一种道德的教学方法。之所以说它不是教授道德的方法,是因为真正的德育包括对于那些有可能处于冲突之中的价值做出审慎的决定;之所以说它不是一种道德教育方法,是因为合乎道德的教育意味着尊重儿童正在发展的推理能力和他们所学的内容的评价能力。"

传统的德育方法极大地抹杀了学生的个性发展和价值选择。在多元文化社会中,学校德育的特点是开放、民主和主体性,促使各国采用多种德育方法来满足多元文化主义的需要。例如,我国批判性地继承了古老的传统德育方法,并建立了丰富的德育方法体系。德育的主要方法有说服教育法、模范教育法、情感教育法、比较教育法、表扬批评法、角色扮演法、经验法、对话法、自我教育法、道德评价法、道德实践活动法等,其中,道德实践活动法是提高学生道德素质的根本方法。美国还在不断创新德育方法,以满足文化多样性的需求,如道德认知发展法、价值澄清法、社会行动法等。道德认知发展法强调,在一个文化多元的社会中,学校德育的重点应放在培养学生的道德判断能力上。这就要求他们不能仅仅简单地记住某些规则,道德知识的灌输作为教学方法,而是要通过倡导学生讨论道德问题,促进学生积极主动地进行道德认知。价值澄清法试图找到一种不受任何特定道德内容、道德规范和道德准则约束的,普遍适用的价值观发展形式。它提出了三个阶段七个步骤来确定价值形成过程,它认为,德育过程是价值比较、澄清、选择、取向的过程。它主张采取多样化的活动而不是严格的教育,使人们有充分的自由选择机会和权利。不同的国情决定了每个国家都有不同的道德教育方法,尽管这些德育方法有其局限性,但它们在文化多样性背景下对我国学校德育方法的改进和提高具有重要的参考意义。

值得一提的是,美国适应文化多样性发展的方式有两种。第一种是20世纪80年代在美国流行的新品格教育法。这种方法是基于对传统文化价值的肯定,主张向学生讲授社会文化的核心价值观,而不是让学生自由选择。他们认为,即使在一个多元化的社会中,也有一些美德被人们普遍接受并对人类生活具有重要价值,如关怀、诚实、公平和责任感等,这些是社会存在的基础。因此,必须要让学生掌握这些美德,并在现实生活中践行这些美德。第二种是生命德育法。这种方法认为,在一个文化多元的社会中,人类生命是学校道德教育的核心。文化多元的社会是人类生活突出的时代,个人生存的价值与其文化和价值紧密相关。承认个人文化和价值之间的区别,就必须尊重个体的生命和价值。因此,生命教育是一种提倡以个人和个人生命为重点的主体性德育。

二、多元文化的各种形态与大学生德育

(一)传统文化与大学生德育

关于中国传统文化与德育的关系问题,大多数学者认为,中国传统文化是大学生德育的重要组成部分。为了提高大学生德育的实效性,必须扎根于中国传统文化的深厚土壤,实现与中国传统文化的有机融合。中国传统文化已根植于中国人民的思想观念、行为习惯和社会活动,成为我们整个民族心理思想体系不可磨灭的一部分。中国传统文化具有塑造人、培养人的功能,是大学生德育必不可少的重要内容。它与马克思主义和现代化不冲突,可以相互融合。将大学生的德育与中国传统文化相结合是必要且可行的。中国传统文化与马克思主义、社会主义和现代大学教育相融合。

要以科学的辩证态度对待中国传统文化。中国传统文化是中华民族几千年的历史积淀,它不可避免地会带有历史烙印并且具有一定的时间限制。随着社会的发展和时代的变迁,传统文化既有合理和积极的一面,又具有不合理和消极的内容。大学生德育要以中华民族文化精神为根基,不断挖掘、认识民族传统文化,创造性地转化中国的文化传统,使其成为国家软实力、社会主义精神文明和先进文化的重要组成部分。

因此,有必要科学全面地了解中国传统文化,坚持古为今用、推陈出新,坚持取其精华、去其糟粕,并运用马克思主义的观点和方法来挖掘和整理传统文化。将中国传统文化的消极因素消除,继承并发扬中国传统文化的积极因素。同时,应当把传统文化的促进和社会主义核心价值观的培养结合起来。此外,一些学者也提出了关于中国传统文化与德育相结合的设想。为实现大学生德育与传统文化的融合,应加强制度建设,增加传统文化教育的比重,组织开展以传统文化教育为中心注重个性的校园文化活动。

(二)校园文化与大学生德育

高校校园文化是指在高校办学的过程中,以学生为主体,以教师为主导,以学生的综合素质的提升为目标,由全体师生员工在教学与生活的各个领域相互作用,共同创建出的一切物质和精神文化的成果。

校园文化是高校德育工作的重要载体,这种作用是由其自身功能所决定的。

(1)教育导向功能

文化活动是大学生思想教育工作中最有效的教育载体之一,原因在于校园文化活动具有广泛而强力的吸引力,是大学生习得思想观念和行为准则的源泉。高校校园文化建设的一项重要功能,就是着眼于德育目标,能够适应大学生的要求,提高他们的思想文化素养,有目的地开展具有强烈思想倾向和教育意义的活动,通过采取有针对性的教育方式,寓教于乐,使学生在潜移默化中培养爱国主义、社会主义和集体主义精神。

(2)育才功能

高校以人才培养为根本目的,努力促进大学生跨世纪素质的培养。作为第一课堂的扩展和补充,校园文化不仅能够使学生巩固在课堂上学到的知识,而且扩大了知识领域。它还可以调动和挖掘学生的各种潜能,锻炼各种能力,为学生提供全面发展和展示自己才华的平台。

（3）凝聚激励功能

校园文化就像磁石一样，可以将具有共同爱好和共同追求的学生召集在一起；或相互交流技能，共同提高；或为共同的目标而共同努力，并在此过程中形成良好的人际关系和成长环境。校园文化活动还可以增强大学生的荣誉感和责任感，激发他们的集体荣誉意识，促使他们更加努力学习、努力工作，以及利用自身优势为集体赢得荣耀。

（4）娱乐调节功能

大学生正处于身体和心理成长的关键时期，他们肩负着繁重的学习任务。丰富多彩的校园文化活动不仅能使他们消除疲劳、振奋精神、保持乐观向上的心情，还可以起到"以美导善、以形悦目、以情感人"的效果。校园文化活动还有助于调节和消除大学生的心理障碍。在改革开放的环境下，社会的快速变化给大学生造成了一定的心理障碍。由于一些学生无法及时解决心理问题，致使他们患上了不同程度的精神疾病，这种问题仅靠一般的说教是很难起作用的。校园文化以其独特的内容和形式可以在一定程度上缓解大学生的心理危机，有心理困扰的学生通过参加形式各异的校园文化活动，以此发泄或转移压抑的情绪，并从中找到一定的精神寄托。

总之，校园文化有其自身的特点和发展规律，这是教育工作者旨在教育学生而进行的有目的、有组织的文化活动。在深化高等教育改革的实践中，要重视和加强校园文化建设，确立校园文化在大学生德育中的客观地位，发挥校园文化的教育功能，并使用文化手段达到对年青学生施教的目的。可以说，校园文化在加强和改善学校德育方面具有特别重要的作用。

（三）家庭文化与大学生德育

家庭作为"社会的胎盘"，既是人美好情感、道德情操开启的地方，也是子女成长的开蒙之所。习近平总书记指出："广大家庭都要重言传、重身教，教知识、育品德，身体力行、耳濡目染，帮助孩子扣好人生的第一粒扣子，迈好人生的第一个台阶。要积极传播中华民族传统美德，传递尊老爱幼、男女平等、夫妻和睦、勤俭持家、邻里团结的观念。"

家庭以其独特的形式反映和影响着社会的发展和变化，并在指导和规范人们的行为方面发挥着作用。在中国，孩子在家庭中占有重要地位，独生子女更是家庭的核心。我国的独生子女造成了许多独特的社会现象，其行为和特征与以往大不相同。在家庭中，父母接管了家庭中的所有工作，对孩子过度放任，孩子如同"帝王"一般呼风唤雨。大学的德育因为一些独生子女的增加,效果也愈发不理想。家庭作为社会的第一环境,起到在社会化的过程中率先培养和教育人,积极为个人进入社会创造良好的条件。一个家庭拥有良好的家庭文化环境和氛围,个人就可以在家庭中得到教育和鼓励,这不仅有助于树立良好的道德观念,还可以在复杂的社会中得到安慰,释放压力并重拾自信、充满动力。家庭文化是家庭文明的重要标志,可以更好地保证家庭成员的幸福生活和社会的和谐发展。除了个人成长,大学生道德教育的最终目标是鼓励人们为社会做出贡献,这使家庭文化成为大学生德育的基础和出发点。

高校的目标不是要将人培养成为专业的工匠,而是要使人成为具有各种学科的基础知识和全面发展的人才成为谐调发展的人,而不是精通某一方面的专家。个体是否具有良好的家庭道德,是进入社会重要的筛选条件。如今,许多学生与亲人疏远,不尊重长辈,奢侈浪费,真是令人深醒。高校要为社会培养优秀人才,必须加强对学生的家庭文化教育,这不仅是大学生德育的必然要求,也是时代的客观要求。要有效地提高大学生的家庭道德素质,使学生遵守家庭道德标准,营造良好的家庭文化环境,使家庭有效发挥社会作用,达到促进个人和社会发展的目的。

（四）大众文化与大学生德育

"大众文化"以大众传媒为主体,属于新的文化形成的消费性文化,人们称其为"媒体文化"或"消费者文化"。随着大众文化的发展,大众文化在"参与塑造、改造教育对象"中发挥着越来越重要的作用。它已成为新时期大学生道德教育的重要组成部分,必须予以重视和有效利用。

大众文化的兴起对社会产生了广泛的影响,对大学生的道德教育产生了积极和消极的双向影响。关于流行文化的研究,国外已有许多的成果,例如《文化帝国主义》《约翰·汤林森》《了解媒体文化——一种社会理论和大众传播》(尼基史蒂·文森)等。笔者认为,大众文化促进了人们思想观念的转变和进步,为德育提供了重要的社会渠道,它有助于公众形成统一的价值观。大众文化容易产生三个困境——存在理由、话语权、有效性,这对大学生的德育提出了巨大的挑战。大众文化的迅速发展和广泛传播,改变了大学生德育的环境,对大学生德育的主导理论形式、人格塑造任务、传统观念和模式产生了严重的影响。

针对大众文化带来的消极影响,学者们提出了许多对策。我们要有选择地吸收积极因素,创新高校德育的内容、方法、载体和机制,构建与大众文化相适应的大学生德育新模式。具体而言,内容应体现时代感,突出高层次,增强亲和力;方法应增强交互性,掌握规律性,增强辐射力;载体应转向媒介化,增强适应性,增强影响力;机制应在有效性的基础上实现长期有效性,并加强内部动力。化解大众文化的消极影响,应坚持马克思主义理论教育,注重教育方法的创新;坚持核心价值体系建设,体现主导性与多样性的统一;坚持以人为本,确立现代德育的理念和方法。

第二节　多元文化背景下大学生德育面临的机遇与挑战

一、多元文化背景下大学生德育面临的机遇

(一)拓展了大学生德育的发展视野

多元文化使大学生德育的时空视域得到了空前拓展,获得了更高远、更开放、更多维的发展视野。这主要表现在大学生个体和大学生德育理念两个方面。

在大学生个体方面,多元文化为大学提供了多种思维和多种选择,开阔了大学生的视野,尤其是国际视野,使大学生的思想更加活跃、自由和开放。同时,大学生对不同时空情况下的古代和现代文化以及中外文化有了更广泛、更深刻的理解。他们可以以更加平等、公平、尊重和包容的心态认识和对待不同的文化和不同的民族。这直接使其对世界、社会、他人以及他们自己的理解和感悟更全面、更深刻,从而扩展了大学生的认知领域和理解能力,进而极大地丰富了大学生个体的精神世界,促进了他们发展的全面性。在现代社会中,大学生不仅可以通过家庭生活和媒体获得各种多元文化的信息,而且更多的学生通过出国留学或生活来亲身体验多元文化的世界,极大地拓宽了大学生的视野,获得对不同国家、不同民族、不同社会和不同文化的的体会。例如,在中国,当地节日和"外国节日"、国内电影和国外电影、传统的"武侠"剧和现代的都市剧等都是大学生生活的重要组成部分,它们都或多或少地影响着大学生,使大学生能够穿越多元文化的时空,拓宽视野、激发思想、启发智慧。

在教育理念上,大学生的道德教育正在不断克服之前的工具性、封闭性、强制性和排他性教育观念,取而代之的是在多元文化时代更为宏大、开放和热情的态度。在过去的一元文化社会中,道德教育往往只集中在一种主导文化上,具有独特

的工具性、封闭性、强制性、排他性和其他特性,这使得道德教育像枯木、死水一样。这种扼杀了个体独立、自主、创新的精神特质的教育理念,培养出来的只能是"封建帝王的奴仆"。被誉为"中国最后一位儒家"的梁漱溟先生指出,历史上的中国文化,有两大古怪点,其一就是"那历久不变的社会,停滞不进的文化"①。"中国底文明,好像一个平静的大湖,停滞不动。……但是阻止活泼流动的滞水,势必只有腐化一途。"②正是这种单一且停滞不前的文化状况,影响了历史上的道德教育。以"四书五经"为主要教育内容,以传教为主要方法的刻板教学模式已有数千年的历史,其贻害甚广。然而,在多元文化的社会环境下,大学生的德育观念开始向"以人为本"的观念转变。在这种教育理念的指导下,大学生的德育工作正在不断铲除历史遗留的"残毒"。它在坚持主流价值取向的前提下,开阔视野、敞开胸怀、积极吸收和利用一切宝贵的资源、先进的成果和有益的经验,促进大学生德育的改革与发展。例如,"心理咨询法"作为大学生德育的重要手段,最早在西方发达国家得到广泛应用,并逐渐被我国所重视和采用。再如,大众文化创造了很多生动形象、活泼有趣的话语,"给力""hold 住"等流行词汇也渐渐走入大学生德育的现实教育活动,广为教育者和大学生所熟知和使用。

(二)丰富了大学生德育的渠道

大学生德育主要通过语言形式、文字形式来向教育对象灌输马克思主义理论。课堂教学是传统意义上灌输马克思主义理论的主要方式。课堂教学使得受教育者在接收信息时往往处于被动地位,使得传统大学生德育的成效不太明显。大众文化的兴起为大学生德育提供了更具吸引力的教学方式。大众文化以大众媒介为主要传播媒介,它通过电视、网络、电台、电影等方式进行传播,具有图、文、声等并存的特点。这些特点使大学生在学习过程中调动全部感官,使大学生在教育过程中感受到愉快、轻松的氛围,为大学生提供真实的表现效果,具有很强的感染力,从而提高了大学生德育的吸引力。大众文化具有成本低、渗透性强等特点,它能够在潜移默化中对教育者进行教育,可以在一定程度上弥补大学生德育的不足。网络文化是大众文化中最具代表性,也是和大学生关系最为密切的一种文化。胡锦涛同志在中共中央政治局第三十八次集体学习时指出:"能否积极利用和有效管理互联网,能否真正使互联网成为传播社会主义先进文化的新途径、公共文化服务的新平

---

① 梁漱溟.中国文化的命运[M].北京:中信出版社,2010.
② 上田茂树.世界社会史[M].施复亮,译.上海:上海昆仑书店,1929.

台、人们健康精神文化生活的新空间,关系到社会主义文化事业和文化产业的健康发展,关系到国家文化信息安全和国家长治久安,关系到中国特色社会主义事业的全局。"①大学生德育的对象是大学生,大学生的活动延伸到哪里,大学生德育的主导作用就应当延伸到哪里。随着互联网和校园网的发展,大学生上网已经成为一种普遍现象。网络问题必然成为高校德育的迫切问题。信息网络化的发展也为大学生德育提供了新的发展空间。与传统的灌输性教育比较而言,大众文化在通过网络传递文字信息之时,通过图像和声音逼真地展示表情、感觉、情感和其他图像信息,这些多样化的信息传播方法可以将德育内容嵌入信息中,当向大学生提供娱乐时,也一并将德育内容以生动形象的信息形式传递给大学生,为大学生提供教化和引导。大众文化常常能够比抽象的说教更有说服力、更能从情感上打动人。文化多元化开辟了大学生德育的新渠道。

(三)创新了大学生德育的手段

在文化多元性的背景下,互联网的繁荣为德育提供了更为便利的条件。教育工作者利用互联网进行道德教育,打破了传统道德教育的地域、时限和不可逆的接受关系,这使教育主体可以在任何地方、任何时间,以任何方式进行道德教育,这使得受教育者也成为活跃的参与者。教育者与受教育者之间这种新型的主导关系,有利于受教育者在平等的交流中自然地接受教育者的指导,从而提高教育者的主导效果。教育贵在效果与及时。互联网具有信息搜索、处理和传递速度快的特点。正是由于网络的普及性、网络技术的超越时空性、内容的广泛性以及传播信息手段的便捷性,可以将德育转变为一种不受时空限制的即时行为。教育者无论在什么地方,都可以通过网络对教育对象的状况进行跟踪分析,开展有针对性的、及时有效的教育,高校可以把网络变成创新和加强德育的先进工具,这有助于增强大学生德育的实效性。

(四)促进了大学生德育文化功能的发挥

大学生德育具有鲜明的文化功能,即"它对社会文化结构中的其他结构单位,如各种意识形态、价值观念、行为规范、科学技术等,以及对整个社会文化结构所产生的客观结果(或称之为互动影响)"②。大学生德育的文化功能具体包括文化选

---

①　孙光海.以创新的精神加强网络文化建设与管理[J].中国新通信,2007(16).

②　鲁洁.道德教育的当代论域[M].北京:人民出版社,2005.

择功能、文化承扬功能和文化革新功能。

多元文化在为大学生的德育提供了丰富的教育资源的同时,也使大学生了德育面临如何选择和利用多元文化的问题。随着大学生道德教育回答和处理这一问题的过程的发展,客观的结果就是促进其文化功能的发展。在过去相对单一的文化背景下,大学生的德育具有很强的政治性,以忽略其文化功能为代价,单方面重视其思想功能的运用,这使得大学生的德育工作缺乏应有的价值理性和人文关怀。但是,随着多元文化趋势的日益突出,大学生德育面临的社会文化环境日益复杂多变,文化问题导致大学生德育问题日益增多,他们必须重新审视自己,并逐渐将视线转向文化领域。一方面,大学生的道德教育有选择地将文化融入自身的体系建设中,增强了自身的文化底蕴;另一方面,大学生的德育活动通过文化的作用和影响,积极参与文化建设,营造更有利于自身运行的文化环境。在这两个过程中,大学生的德育都对文化有影响。因此,它客观地促进了大学生道德教育的功能。例如,面对多元文化带来的多种选择和困惑,大学生德育不仅要坚持、维护和发展主流文化,而且要揭露、批评和抵制有害文化,以履行其使命。解决该问题的方法是发挥其文化选择功能。因此,多元文化在客观上促进了大学生德育的文化功能,彰显了大学生德育的人文本质。

二、多元文化背景下大学生德育面临的挑战

我国已经形成了一元和多元共存的文化多元格局,多元文化对德育提出了新的挑战。当代中国社会,坚持主流社会文化的前提下,多种文化相互交织、兼容、共同发展,必然存在着主流文化与次主流文化、非主流文化甚至反主流文化之间的碰撞。传统文化与现代文化、东方文化与西方文化的交流与冲突也不断加深,为填补文化鸿沟付出了努力。

(一)多元文化给大学生的思想带来了深刻影响

多元文化主义对思想尚未成熟的大学生的健康成长有着深远的影响。在促进文化、社会和人自身发展的同时,也有一定的负面影响。一是多元文化主义存在多种价值观念,由于学生缺乏统一的分析、判断和选择标准,会导致价值观、信念和行为的混乱和错位。二是多元文化在社会生活的各个领域同时建立了多种价值标准,学生无法在增加了价值选择和价值比较的机会的情况下始终保持明确的文化权威和价值判断标准。

1.多元文化对大学生理想信念的冲击

理想信念是人们对未来的向往和追求,是人们在奋斗目标中观念和立场的集中体现。理想和信念分为个人的和社会的,每个人都应该有社会理想信念和个人理想信念。理想信念是凝聚人心、激发斗志的精神动力。因此,理想信念教育是党的思想政治工作的核心内容。只有在全社会树立正确的理想信念,才能不断增强凝聚力和战斗力,我们的事业才能不断取得成功。因此,培养大学生树立马克思主义信念、社会主义和共产主义理想是大学生德育的重要任务和使命。

然而,面对多种多样的文化,在多样选择、多重诱惑和多种陷阱的攻势下,一些大学生倾向于对理想和信念漠不关心,强调个人理想,而忽视社会理想,甚至有些大学生动摇了马克思主义的信念、社会主义和共产主义理想。在多元文化背景下,各种西方思想入侵了大学校园,例如,否认马克思主义的新自由主义思潮、主张多元化的民主社会主义思潮、价值多元化的后现代主义思潮等,所有这些都不同程度地对大学生产生了负面影响,使一些大学生存在不同程度的理想信念问题。例如,一些大学生在理想信念方面表现出现实主义和功利主义的倾向,甚至认为物质享受是生活中最大的理想和幸福。

2.多元文化对大学生价值观的冲击

价值观是人们认识、评估和选择某种事物或现象是否可以满足自己的需求时所持有的基本观点。文化的核心是价值观,多元文化的本质是价值观的多样性。因此,多元文化必然会对大学生价值观的形成、发展和变化产生深远的影响。正如习近平在党的十九大报告中指出的:"文化是一个国家、一个民族的灵魂。文化兴国运兴,文化强民族强。"文化能为人民提供坚强的思想保证、强大的精神力量、丰润的道德滋养,必须不断加强文化建设。大学时期是价值观形成与发展的关键时期,加强大学生的价值观教育,引导其形成符合社会要求的价值观具有重要意义。

中华人民共和国成立以来,我国高度重视大学生的价值观教育,也取得了骄人的成绩。总体而言,大学生价值观的主流是积极健康的。但是,在多元文化背景下,大学生的价值观日益多样化,由于极端个人主义、功利主义、享乐主义和实用主义等腐朽思想的影响,开始显露出各种问题。这主要表现为虚无主义价值观、悲观主义价值观、享乐主义价值观和实用主义价值观的泛滥,价值取向的个性化和功利化,价值选择的迷茫,价值评估标准的多样化,等等,民族意识和爱国情绪淡薄,偏离了社会主义核心价值观的轨道。例如,近年来,老年人跌倒的事件频发。在这方面,社会各界进行了广泛的讨论,当然包括非常关心社会热点的大学生。一些大学生认为搀扶老人是合理的,这是中华民族传统美德的一种表现;一些大学生认为搀扶老人有被讹诈的危险,必须谨慎;一些大学生认为,最好是在目击者在场的情况下搀扶老人,帮助老人的同时避免被诬陷。由此可以看出,大学生价值观评价标准的多元性。此外,多元文化所造成的多元价值观的并存,在不同程度上造成了大学生价值观选择的迷茫和无所适从。

3.多元文化对大学生道德素质的冲击

党的十八大报告提出要"全面提高公民道德素质。这是社会主义道德建设的基本任务。要坚持依法治国和以德治国相结合,加强社会公德、职业道德、家庭美德、个人品德教育,弘扬中华传统美德,弘扬时代新风"。[①] 作为社会主义建设的生力军,大学生道德素质的优劣更是关乎国家的文明程度和未来发展。

从整体上看,大学生普遍具有较高的道德素质,但是在多元文化的环境下,诸多消极文化因素正在不断与大学生的道德素质发生了激烈的碰撞。更不乏一些西方资本主义国家,依仗其强大的经济、科技和军事实力,肆无忌惮地将其腐朽的价值观、思维和行为方式渗透到其他国家,企图以这种卑劣的手段颠覆别国的意识形态,败坏他国的道德风气。而部分大学生确实在不同程度上存在道德认知模糊、标准混乱、认知与实践相脱节等情况,令人担忧。

(二)多元文化使大学生德育更具复杂性

在多元文化背景下,大学生德育的目标是复杂的,工作内容和过程也是复杂的。大学生道德教育根据社会需要和学生需求,提高和发展学生的道德水平,服务于社会主义社会。从内容上看,这种文化传播极具特殊性,它是无产阶级思想的教育和灌输,是在马克思主义意识形态指导下的社会主义文化的传播,具有鲜明的阶级性。从过程上看,这是一个兼备科学与文化的过程。作为一门"科学",必须遵循人类思想政治品德形成的规律和教育的一般规律;作为"人文",它的主体和客体是受文化塑造而存在,必须遵循文化的逻辑并与之相匹配。教育者将教育内容传授给学生,学生通过思考和鉴别,相信并接受教育者的观点的过程是非常复杂。这一过程完全在思想领域中进行,并且通过思维的作用,从外化渐变到内化、从他律过渡到自律。这使得我们在德育工作中难以把握和解决他们的思想认知问题,同时

---

① 本书编写组.党的十八大报告学习辅导百问[M].北京:学习出版社,2012.

在及时准确地掌握和指导这些变化方面,也给我们带来了巨大的挑战。日益增强的个体选择性,强化了学生对自我认知和自我评价的意识,导致他们以强烈的怀疑和批判态度对待外界德育,从而不可避免地削弱了德育工作者的权威性和主导性。多元文化的共存使学生的价值取向选择非常广泛,思想道德水平良莠不齐,相互的差异不断拉大,理解同一问题的出发点、角度和标准也各式各样,甚至完全相反。在单一文化社会中,德育是用于宣扬并继承单一主流文化的工具。而在多元文化社会,多种文化和道德价值观都有其存在的合理性,如果只顾及单一主流文化的传承,就不能满足多元文化社会的要求和受教育者的需求,其结果就是学校的道德教育无法取得真正的成效。因此,在多元文化的背景下,德育教育面临着艰难的抉择:是坚持传承单一的主流文化,还是进行多元化文化的改革?

1.教育内容的说服力和感染力不强

"思想"和"政治"是德育教学内容的两个重要方面。"思想"属于意识形态的范畴,它的本质很难通过语言和文字表达清楚,一些晦涩的哲学词汇也大幅提升了我们教学的难度。它的内容是相对抽象的,并且意识在物质上的反映存在一定的滞后性,这就使得思想教育的内容不能及时捕捉社会文化信息、把握和预测国内外政治局势,以及反映文化环境的变化。"政治"的内容空泛,教育的内容不仅包括马克思列宁主义、毛泽东思想、邓小平理论、"三个代表"重要思想、科学发展观、习近平新时代中国特色社会主义思想和党的路线、方针、政策,还添加了不少晦涩难懂的政治概念。其内容过分强调理论知识的灌输,忽视了大学生学习德育知识存在的差异性。这种仅依靠教育讲授的死板教学,不能调动学生学习的积极性,这样会使学生只知道政治现象的表象,却不会去深究现象背后的社会原因,从而导致大学生德育具有难以根除的"两张皮"现象。德育的专业术语相对晦涩,表达方式也极其枯燥,这就使得学生打心底里厌恶德育课程,既觉得它没什么用处,又不愿意花费精力钻研。因此,良好的教育工作,可以使学生看到这种知识的光明前景,产生好奇心,并产生学习动力。

2.教育方式方法陈旧呆板

过去,德育教学采用"单向灌输的一人课堂讲授"模式,把德育知识一股脑地塞给学生,效率极高但创造性匮乏。这种为了完成考试任务的"填鸭式"教学,只顾及向学生灌输哲学知识、政治见解、思想观念和道德标准,却忽视了学生的个人能力和人格培养,甚至打压了学生的人格魅力,压抑了个性的自由发展。

德育方法忽视了大学生的主体性实践。在德育工作中,德育主体采取了不符合社会规律和时代要求的方法和手段,盲目地、不切实际地进行德育教学。归根结底,我们对研究方法的更新是为社会实践服务的,仅仅指出有哪些方法、有哪些方法落后是不够的,德育工作还需要分析各种方法、方式作用的必备条件、现实意义以及与社会实践的相互关系和运用条件等。

仅靠课堂教学、听取思想汇报、写心得体会是不够的,我们必须把德育课程中学到的知识运用到党政工作中,与基层群众紧密联系,在互动工作中积累基层经验,将经验与科学理论相结合,进而指导我们的道德教育社会实践。这样,我们的方法就能切实运用。德育工作是社会实践教育的一部分,系统地总结了日益复杂多样的德育方法,建立和完善了德育方法体系,面对各种方法和相关关系,清楚地知晓解决问题的主要方法,哪些方法更接近实践活动,可以更好地满足教育主体和教育对象的需要,哪些实践活动对德育效果具有协同作用,扩大了德育的方法在实践中不断地学习和改革。

大学生德育工作大多采用集中式群体教学,遵循一般教育原则。它将群体的共同特征作为研究的切入点,在运用方法上缺乏层次性和特定性,没有为适合教育对象个性的教育内容选择适当的方法。

根据不同的社会文化背景和时代的要求,德育工作必须不断改革创新,重建德育方法,利用网络媒体使媒体多元化,拓宽教育渠道,开展在线道德教育。

3.教育队伍建设不适应形势的要求

德育的使命是为国家培养有理想、有文化、有纪律和有道德的德智体全面发展的社会主义事业接班人。要完成这项主要任务,需要一支强大的工作团队。该队伍中的人员需要具备扎实的专业知识、崇高的思想道德、强烈的社会责任感和敏锐的洞察力。

多年来,全国各地的高校都致力于培养学生的思想政治素养,把党的思想指导工作和政治方针放在道德教育的每个细节上。大学生德育队伍建设扎实有效,取得了显著成绩,每个成员都按照"政治强、业务精、纪律严、作风正"的工作原则加强自我建设。德育人员应不断增强自身适应能力,适应新时代的要求。他们在教育实践中探索了一系列有效的良好经验和方法,不断更新自己的教育观念,完善自己的教育行为,以使德育工作者能够展现新实力,有效保证大学生德育的顺利进行。

面对新形势、新情况的挑战,德育队伍建设暴露出许多薄弱环节。"术业有专攻",教育工作者尚未对自己的职责作出定位,德育队伍不稳定,缺乏应对新形势带来的问题的能力,以及无法迅速适应教学改革的学校环境。

德育者要审时度势地推动自身改革,在教育过程中发挥更大的积极作用。要不断自我进修,定期"充电":在能力方面,德育者要增强自身对文化的发展和教育变革等外界的变化的适应力;在知识方面,从广度上要进一步拓宽知识的层面,从深度上进一步体会知识深层次的内涵,全面完善知识结构,以适应多元文化背景下对知识全面化的要求;在观念方面,及时转变单一的传统观念,树立新时期的多元文化观念,立足于现在文化,着眼于将来教育;在工作实践方面,建立多元结构课程,强化基础教育,注重个性发展,提高教学实践能力,迎合时代要求,改革教学方式,以最大限度满足学生要求,使用新的教学手段,强化学生的创新能力和学习动力。

教育队伍建设按照选拔、使用、管理、培养、提高相结合的原则,以提高业务水平为重点,以素质能力建设为核心,不断建立健全学生德育队伍建设的长效机制,准备面对多元文化背景下的各个方面的强大挑战。

第三节　多元文化背景下大学生德育发展创新的路径选择

一、坚持指导思想的一元性,保障大学生德育的正确方向

多元文化视野下,大学生的德育必须坚持马克思主义在意识形态领域的指导地位,确保并坚持正确的思想作为唯一指导。江泽民强调,必须坚定不移地巩固和加强马克思主义的指导地位,决不容许搞指导思想的多元化。高校在进行道德教育时,应坚持马克思主义指导思想,在此基础上引进、完善和整合多元文化,以巩固马克思主义在意识形态领域中的重要地位。坚决与盲目崇拜外国文化的行为做斗争,自觉抵抗外国文化中的不良因素和腐朽思想。

(一)强化马克思主义理论在大学生德育中的主导地位

改革开放属于一场深刻的社会变革,既丰富了社会的物质财富,又带动了人们精神世界的巨大改变。就我国的文化生态而言,出现了"一元主导、多元并存"的多

元化局面。特别是随着中外文化交流的深入开展,各种思想文化相互剧烈碰撞。文化已经成为一个舞台,各种思想争相在这个舞台上展现、竞争。文化已不是从前的世外桃源,它现已成为一个竞技场,供各种力量亮相并相互竞争。多元化与非社会主义意识形态混杂在一起,极大干扰了马克思主义意识形态的指导地位,使意识形态问题空前突出,这为我国意识形态、社会主流意识和共同文化基础的巩固与发展提出了新的要求。大学校园中充斥着多元文化,我们要在这种环境中加强马克思主义的一元化指导地位,对学生加强思想教育、提高政治素质。通过指导大学生对马克思列宁主义、毛泽东思想、邓小平理论、"三个代表"重要思想、科学发展观、习近平新时代中国特色社会主义思想的学习,理解马克思主义理论的精髓,帮助学生树立正确的政治方向和爱国主义情怀。

(二)辩证地借鉴与运用多元文化

坚持大学生德育的正确方向,不仅要以马克思主义理论统领大学生德育,更要以尊重、开放、平等、包容的姿态辩证地借鉴和运用多元文化,取其精华,去其糟粕。习近平指出,中国特色社会主义文化,源自于中华民族五千多年文明历史所孕育的中华优秀传统文化,熔铸于党领导人民在革命、建设、改革中创造的革命文化和社会主义先进文化,植根于中国特色社会主义伟大实践。

发展中国特色社会主义文化意味着要以马克思主义为指导,坚守中国文化的立场,立足当代中国的现实,并结合当今时代的条件,发展面向现代化、面向世界、面向未来的民族的科学的大众的社会主义文化,促进社会主义精神文明与物质文明的协调发展。要坚持为人民服务、为社会主义服务,坚持百花齐放、百家争鸣,坚持创造性转化、创新性发展,不断铸就中华文化新辉煌。

文化是人类的宝贵财富,每种文化都因其独特的价值观念、道德准则、风俗习惯等特质而展现出独特的魅力。大学生德育应不断探索和利用多元文化这个取之不尽、用之不竭的资源库,帮助大学生树立崇高的理想信念,培养正确的三观,进而提高思想道德素质,促进大学生自由全面发展。同时,大学生德育也通过不断地获得多元文化的精髓而不断丰富和发展自己,从而保持长久的活力。例如,中国传统文化和西方文化蕴含着丰富的大学生德育资源,应予以重视并积极吸收它们的优秀成果。梁漱溟在比较中西文化之长短时指出:"西洋长处在'人对物',而中国长处则在'人对人'。"[①]这里所说的"人对物",主要是指科学,即西方文化的成功之处

---

① 梁漱溟.中国文化的命运[M].北京:中信出版社,2010.

在于科技的进步。"人对人",主要是指伦理,即中国文化的成功之处在于道德人伦。也就是说,大学生的德育可以借鉴科学理性精神、开拓精神、自由开放意识和竞争效率意识等西方文化的优势来开拓和培养大学生的视野,启发大学生的思想,丰富大学生的精神世界,培养大学生的现代观念、优良的精神品质和杰出的创新能力。此外,大学生的道德教育也可以借鉴中国传统文化,例如"齐家治国平天下"的责任感和"见利思义"的崇高品质等,增强大学生的文化底蕴,提高大学生的道德素质,增强文化意识和大学生的自信心,培养他们的民族精神和民族自豪感。当然,大众文化、红色文化等也包含丰富的大学生道德教育资源。由此可见,只要大学生的道德教育充分认识并积极运用多元文化这个教育的源泉,就能为大学生的发展创造无限广阔的空间。

(三)保护好民族文化的传统根基

第一,为了保护民族文化的传统根基,我们需要更全面、深入、准确地理解和把握中国传统文化的内涵,切实提高"文化自觉"。"文化自觉"不是凭空产生的,它是建立在对民族文化的深刻理解和认可的基础上的。一个不了解民族文化传统的人,没有资格谈论"文化自觉"。为了理解和把握中国传统文化的深刻内涵和精神,必须充分尊重传统文化。毛泽东同志说:"从孔夫子到孙中山,我们应当给以总结,承继这一份珍贵的遗产。"这是中国共产党人对中国传统文化的科学态度的真实体现,我们不能将其当作一个漂亮的口号,而是要把它实施在传统文化的研究和应用中。在对待民族文化传统时,要结合历史经验,我们要明确反对两种错误的态度和观点,即"只此一家,别无分店"的文化保守主义和"满眼漆黑一团"的文化虚无主义。毛泽东同志关于"古为今用""推陈出新"的观点仍然是我们今天的基本立场。

第二,文化不能没有传统根基,同时,任何文化也都不会永远保持不变。中国文化的发展趋势,不单单是继承和发扬传统的问题,更多的是将传统文化中不适应甚至违背现代生活需要的负面因素予以舍弃。文化趋势本身是一个动态、开放、连续的演变过程,封闭、停滞的观念是违背发展规律的。随着经济全球化带来的多重影响,社会经济和科学技术的日新月异,以及信息的迅速传播,人们的思想观念发生了深刻的变化。我们必须以远见卓识和宽广的胸怀面对这一变化。我们应该继承人类文明的一切优秀成果,也应接受现代社会需要的、适合我们国情的发达国家的优秀文明成果。我们需要加强国际文化交流,以便我们可以借鉴并利用不同国家文化的优秀内容。从根本上说,我们必须在中国人民正在进行的社会主义现代化建设的新做法的基础上,在参与物质文明建设的同时加强精神文明建设,不断提高全民族的思想道德素质和科学文化素质,建设具有鲜明时代特色的新中国文化。

第三,要坚决杜绝指导思想多元化,始终保持和巩固马克思主义在我国思想文化和意识形态领域的指导地位。对于在黑暗中摸索已久的中华民族来说,旗帜的问题至关重要,因为旗帜是方向,旗帜是形象。马克思主义是全党和全国各族人民团结奋斗的共同思想基础,是中国文化建设的核心和灵魂。这是近一百年来中国文化发展实践所证明的客观事实,是不可动摇的。习近平在党的十九届四中全会上指出:"中国特色社会主义制度和国家治理体系是以马克思主义为指导、植根中国大地、具有深厚中华文化根基、深得人民拥护的制度和治理体系,是党和人民长期奋斗、接力探索、历尽千辛万苦、付出巨大代价取得的根本成就,我们必须倍加珍惜、毫不动摇坚持、与时俱进发展。"面对21世纪的新形势和新问题,特别是汹涌的"全球化"的挑战和冲击以及社会主义现代化的历史任务,在保持和巩固马克思主义的指导地位上,我们必须始终保持清醒的头脑,必须注意对各个方面的怀疑、攻击和谩骂进行深入的分析和批评;同时,鉴于马克思主义是一个完全开放的体系,它与人类文明的发展密不可分,所以我们需要密切关注世界科学技术、人文社会科学研究的最新进展,密切关注马克思主义的国际最新研究成果,结合我国的社会实践,进行广泛而深入的分析和借鉴,以丰富和发展马克思主义理论的宝库。

二、更新大学生德育理念、内容和方法

(一)尊重并维护世界文化多样性

古人云:"和实生物,同则不继。"和谐不仅不排斥差异,相反是以差异为条件的;差异和矛盾不仅仅存在对立、冲突的反对关系,它们也蕴含着相互依存的统一关系;有差异和矛盾并不可怕,可怕的是人们对待差异和矛盾的错误观念。

世界文化多样性是以文化民族性为前提的。没有文化的民族性,就谈不上文化的多样性。世界文化的百花园是由各个不同的民族文化组成的,而人类又是由为数众多的民族组成的。这些民族都是某些人群在同一地区或环境中长期生活,建立起密不可分的经济和文化纽带,逐渐形成共同的心理状态、习俗甚至语言文字,进而构成了一个稳定的共同体。比较不同的民族,很容易发现它们之间的差异,这种差异在文化差异中得到了突出体现。如同民族的产生和消亡是一个很漫长的历史过程一样,民族文化之间的差异的消弭也不是一朝一夕的事情,甚至到将来人类"大同"那一天,也不会有完全同质的文化,这是不以任何人的意志为转移的。

世界文化多样性是人类文化进步的动力。文化的多样性,是指有机整体的文化与独立文化的多种多样的形式。习近平指出:"丰富多彩的人类文明都有自己存在的价值。要理性处理本国文明与其他文明的差异,认识到每一个国家和民族的文明都是独特的,坚持求同存异、取长补短,不攻击、不贬损其他文明。"习近平总书记在党的十九大报告中进一步明确提出:"世界上没有完全相同的政治制度模式,要尊重世界文明多样性。"这就必将促使世界上越来越多的国家,清醒地并且理直气壮地在高度重视经济活动的同时,把经济、政治、文化、社会、生态活动摆到更加重要的位置上,清醒地并且理直气壮地选择适合自己国情的政治道路和政治制度,建立健全完善制度体系,繁荣兴盛自己健康向上的文化。

世界文化多样性是走向文化繁荣的道路。每个民族的文化都是独一无二的,各民族文化之间注定存在着差异。各国各民族在文化上有差别不是问题所在,而是文化内在生命力的体现,没有差异,就没有丰富多彩的世界。如今,随着经济全球化的不断拓展,经济发达国家的文化在全球流动资本的助推下,以极其迅猛的势态给世界上的许多国家带来猝不及防的冲击。它造成的后果是文化产品的标准化和单一化,致使一些国家的"文化基因"流失。如同物种基因单一化造成物种的退化一样,文化单一化将使人类的创造力衰竭,使文化的发展道路变得狭窄。这种状况已经为越来越多的有识之士所关注和忧思。他们坚持认为,尽管世界各国尤其是广大发展中国家普遍面临实现现代化的艰巨任务,而且全球化的经济运行规则正被广泛接受,但各国文化上的独特性不应因此而趋同或消失。在"全球化"的时代背景下,只有维护好民族文化的独特性才能实现世界文化的多样性。

与当今世界"全球化"进程相适应,一些关于文明和文化发展的思想纷纷登场,并产生了极大的国际影响,美国著名学者塞缪尔·亨廷顿提出的"文明冲突论"以及弗朗西斯·福山提出的"历史终结论"就是其中的典型代表。按照"文明冲突论"的解释,世界正在走向不同文明间的深刻冲突之中。而在"历史终结论"看来,以20世纪东欧剧变、苏联解体为标志,整个人类的社会发展已经彻底并入资本主义开创的文明道路和制度框架,因而世界历史宣告终结。"文明冲突论"和"历史终结论"共同的逻辑前提是认为异质文明和文化之间是根本冲突的,不可能做到和谐相处,即使有所谓的"和谐",也只是暂时的、局部的、表面的。只要深入分析世界文化发展的历程不难看出,不同文明和文化之间的氤氲消长是一个既有冲突也有融合的复杂过程,仅仅抓住冲突的一面而忽视融合的一面,显然是片面的。中华民族文化是多民族文化融合与共存的典范,其中,既以中国传统文化和社会主义文化作为共同的文化基础,又使每个民族都保留着自己的特殊文化。我国著名社会学家费孝通将中华民族文化的这一显著特征概括为"多元一体格局"。可以预见,人类文化发展的趋势必将是建立在互相充分尊重基础上的"多元一体",而非亨廷顿所言的"文明冲突",也非福山讲的"历史终结"。另外尚需看到,经济全球化的飞速发展当然会对各个民族和地区的文化产生巨大的影响,在很大程度上改变其原有的面貌,但不同民族的各自特征以及文化差异仍将存在,呈现出百花齐放的繁盛局面。实际上,经济越趋于全球化,就越需要重视世界所有民族之间的平等和相互尊重,包括尊重文化多样性的事实。

从世界文化的现状和发展趋势来看,正是因为我们没有给不同文明和文化以应有的尊重,以及在此基础上开展平等深入的交流和合作,才导致"文明冲突"的局面。因此,为了避免"全球化"导致文明的冲突,我们一方面必须正视"全球化"条件下"文明冲突"的事实,认识到冲突的结果只能是两败俱伤;另一方面必须提高"文化自觉",彻底放弃文明和文化间的征服和驯化,最终实现文明和文化之间的和解。

(二)更新大学生德育理念

更新大学生德育理念,主要是改变以往社会本位、单一育德、封闭育人的教育理念,树立以人为本、整体育德、开放育人和全面发展的教育理念。

1.以人为本理念

以人为本的大学生德育观意味着大学生的德育应以大学生为实践之本和价值之本。长期以来,在大学生德育在实际教学过程中,我们一直遵守并坚持以社会为本位的教育理念,过度强调大学生德育的社会功能,特别是政治功能,试图将大学生培养成为社会所需的人才,这无疑忽略了大学生的主体性和内在需求。但是,大学生德育的发展有赖于大学生,同时也是实现大学生的利益、发展和价值的有效途径。因此,以人为本是大学生道德教育的内在要求。特别是在多元文化时代,大学生表现出了他们的主体性和鲜明的个性,过去看社会而不看个人的教育理念已经被时代遗弃。多元文化时代倡导以人为本,它要求尊重、关心和理解大学生道德教育,通过调动大学生的积极性、主动性和创造性,解决多元文化引起的各种心理和思想问题。

2.整体育德理念

整体育德有四项要求:第一,在教育目标上,大学生德育提高受教育者整体的思想道德素质,即协调促进大学生的思想素质、政治素质、道德素质和心理素质的提高;第二,在教育内容上,应系统地进行大学生德育内容的建设,即以理想信念教育为核心,以爱国主义教育为重点,以思想道德教育为基础,目标是促进大学生全面发展;第三,在教育方法上,大学生德育应实现方法的多元化和综合运用;第四,在实施教育上,大学生德育应有效结合学校和社会的力量。多元文化对现实社会生活的影响无处不在。大学生德育体系是整个社会体系的一部分,因此多元文化不仅直接影响着大学生的德育体系,而且通过社会体系的其他部分间接影响着大学生的思想政治教育体系。多元文化的渗透性和复杂性决定了大学生的德育必须调动和协调各个方面的力量,以实现道德教育的完整性。

3. 开放育人理念

开放育人要求大学德育要秉持开放、统一、综合的精神规范,实现校内外合力育人,为社会、为国家,更是为未来培育人才。开放教育是大学生社会化的客观要求,是大学与社会互动发展的必然产物,是德育伦理学融合的必然要求,是应对多元文化影响的必然选择。在现代社会,大学早已成为与社会接壤的学习平台,那些通过封闭、孤立和堵塞的方法以阻止多元文化对大学生德育产生负面影响的方法,也渐渐被时代淹没。多元文化已经渗透到社会生活的各个领域和人们的思想领域,已经成为大学生生活的现实场景和大学生道德教育运作的现实环境,逃避的行为是欠缺理智的,直面困难才是上策。开放教育要求在正确的德育指导前提下,引导大学生德育通过正确分析、理解和运用多元文化,促使学生积极参与社会实践。同时优化社会环境,调动和协调一切教育力量,促进教育力量的协同作用。

4. 全面发展理念

人的全面发展主要是人的需求、劳动能力、社会关系、才能和个性的全面发展。传统的大学生德育单方面注重大学生思想道德素质的培养,却忽视了大学生综合素质的提高。诚然,提高思想道德素质是大学生德育的主要任务。但是,大学生德育的根本目标是通过提高大学生的思想道德素质来促进大学生的全面发展。促进大学生的全面发展,主要是提高他们的思想道德素质、科学文化素质和身心健康素质,这三者是相辅相成的。良好的科学文化素质和身心健康素质是提高大学生思想道德素质的基础和前提;反过来,良好的思想道德素质有利于进一步提高大学生的科学文化素质和身心健康素质。正如邓小平所言,"毫无疑问,学校应该永远把坚定正确的政治方向放在第一位。但这并不是说要把大量的课时用于德育。学生把坚定正确的政治方向放在第一位,这不仅不排斥学习科学文化,相反,政治觉悟越是高,为革命学习科学文化就应该越加自觉,越加刻苦。"①同时,只有大学生全面提高自身素质,才能从容地面对多元文化带来的挑战。

(三)拓展符合时代要求的大学德育内容

大学生思想政治教育的内容是教育目标的具体化,它决定了大学生道德教育的科学性、吸引力和感召力。多元文化的发展要求大学生的德育不断更新教育内容,增强文化底蕴,提升大学生德育的文化力量。

在新的时代背景下,价值观教育亟待焕发新枝,探索符合当代大学生发展的教育理念。多元文化不仅是一种社会现实,更是一种教育资源。丹尼尔·贝尔认为:"文化本身是为人类生命过程提供解释系统,帮助他们对付生存困境的一种努力。"这意味着德育工作者需要努力提高对教育资源进行开发的能力,并具有将探索得到的多元文化资源融入大学生价值教育的新模式。全社会都要树立"以人为本"的教育理念。首先,我们必须继承和理解中国的优秀传统文化,只有让学生学习中华文化、理解社会的发展,才能激发他们内在的认同感和自豪感,从而更好地在多元文化主义的碰撞中抵御西方思想的侵蚀。其次,我们必须吸收和学习西方文化中有益的思想文化成果,如民主、法治、科学理性等,为我国的社会主义建设添砖加瓦。最后,在多元文化社会中,我们必须明确价值观教育的内容,必须坚持主导与多样性辩证统一的新要求,统一马克思主义理论在宣传教育中的主导地位。简而言之,多种文化共存的情况为我们提供了可以学习的材料。我们必须本着开放和发展的精神,利用这一历史机遇,创新价值教育理念,扩大适应时代要求的大学德育内容。

(四)丰富大学生德育方法

教育方法决定了教育的效果,进而影响教育目标的实现。同时,教育方法也要与时俱进,以适应社会发展的新形势和大学生不断变化的思想状况。在多元文化背景下,由于大学生主体性的强化,以往的教育方法无法适应大学生的需求,严重影响了教育效果。

习近平指出,思想政治工作从根本上说是做人的工作,必须围绕学生、关照学生、服务学生,不断提高学生思想水平、政治觉悟、道德品质、文化素养,让学生成为德才兼备、全面发展的人才。

---

① 邓小平文选(第2卷)[M].北京:人民出版社,1994.

习近平指出,做好高校思想政治工作,要因事而化、因时而进、因势而新。要遵循思想政治工作规律,遵循教书育人规律,遵循学生成长规律,不断提高工作能力和水平。要用好课堂教学这个主渠道,思想政治理论课要坚持在改进中加强,提升思想政治教育亲和力和针对性,满足学生成长发展需求和期待,其他各门课都要守好一段渠、种好责任田,使各类课程与思想政治理论课同向同行,形成协同效应。要加快构建中国特色哲学社会科学学科体系和教材体系,推出更多高水平教材,创新学术话语体系,建立科学权威、公开透明的哲学社会科学成果评价体系,努力构建全方位、全领域、全要素的哲学社会科学体系。要更加注重以文化人以文育人,广泛开展文明校园创建,开展形式多样、健康向上、格调高雅的校园文化活动,广泛开展各类社会实践。要运用新媒体新技术使工作活起来,推动思想政治工作传统优势同信息技术高度融合,增强时代感和吸引力。因此,在多元文化背景下,应不断丰富和创新大学生德育方法,为大学生德育工作增添新的指导方案。

在当今的德育环境中,要充分利用现代信息技术和德育资源。要利用现代信息技术手段,充分利用网络平台,通过在互联网及局域网上建立德育网站或网页,及时更新国内外德育的最新发展状况,维护好德育的网络宣传阵地,使更多的大学生接受德育,扩大道德教育的影响力。同时,还要充分发挥学生的主体意识,帮助学生树立自主选择的意识、提高判断的能力,使他们在面对复杂的价值取向和道德行为方式时能够做出正确的自主选择,并最终使受教育者能够实现自我教育。

三、营建大学生德育良好环境氛围

环境在大学生德育系统中,既是外部条件,又是作用和改造的对象。作为大学生德育过程中的外部条件,它对大学生德育系统中的其他要素以及整个大学生德育效果都具有重要的影响作用;而作为大学生德育系统的作用对象,它的变化又充分体现了大学生德育的效果状况。在文化多元化的背景下,大学生德育面临着严峻的挑战,同时也迎来了良好的发展机遇,只有不断优化德育的环境,顺应文化多元化的浪潮,并抵制文化多元化带来的负面影响,才能够发挥好大学生德育的积极作用。

(一)优化校外文化环境

1.引领社会主义文化的前进方向

在阶级社会中,不同的阶级具有不同的意识形态和利益诉求,而统治阶级总是把符合自身利益的意识形态为己所用。正如马克思、恩格斯所言："统治阶级的思想在每一时代都是占统治地位的思想。"①社会主义核心价值体系决定了社会主义文化的性质和发展方向。社会主义核心价值体系既是社会主义文化的精髓，也是大学生道德教育的主要内容，因此，应借助大学生德育工作对社会主义核心价值体系的宣传教育，以此引领我国社会主义文化的发展方向，并保持社会主义文化本质的先进性。同时，大学生的德育具有文化选择功能，以批判的角度对符合主流意识形态的文化加以吸收和学习，达到倡导主流文化、引导多元文化，进而推动社会主义文化发展的目的。

2.促进社会主义文化的发展繁荣

大学生德育的内容虽然与教育相关，但其包含的思想、政治、道德观念都属于文化范畴。换句话说，大学生德育是传播和活化思想文化、政治文化和道德文化，对优良的传统文化加以继承和弘扬的重要途径。这就是我国的民族文化和社会主义文化能够持续发展、社会主义文化不断繁荣的内在因素。

3.激发社会主义文化的生命活力

大学生德育弘扬文化的过程，也是文化改革创新的过程。大学生德育教育弘扬文化是全面的、不断发展的，它是在继承的同时对文化进行改造和创新，以适应社会不断发展的需要。一方面，大学生德育通过改变教育内容，实现了文化的改革与创新。大学生德育具有鲜明的阶级性和时代性，必须要根据社会发展的具体情况调整自身的制度，以符合统治阶级的利益和社会发展的需要。另一方面，大学生德育通过发挥教育对象的主观能动性来实现文化的改革与创新。大学生虽然是教育的接受者，但其强烈的主观能动性决定了他们对教育信息并不是全盘接收。大学生会根据自身的思维方式、知识储量、兴趣爱好等因素，对所学信息进行加工和处理，这就丰富和拓展了原有的文化系统，激发了文化的生命活力。

（二）优化校内文化环境

1.加强校园文化环境监管

校园文化环境监管是通过制定相关的规章制度来监督和管理校园文化环境，

---

① 马克思恩格斯选集(第1卷)[M].北京：人民出版社，1995.

以科学有效地应对多元文化对大学校园、大学生和教职工的影响。在多元文化背景下,加强校园文化环境的监督是优化大学校园文化环境的一项不容更改的策略。这种严格的监管措施是非常必要的。大学校园是多元文化的集散地,是冲突的"战场",它始终影响着大学生的心理状态、思想和行为。多元文化主义在开阔大学生的视野、训练大学生的思维能力、丰富大学生的个人精神世界和现实生活的同时,还以价值选择多元化困扰大学生的选择,使大学生易遭受错误观念的腐蚀。校园文化监管正是针对这一情况,通过规章制度引导大学生坚守社会主义核心价值观,并客观、全面地认识多元文化,理性地对待多元文化,在吸收多元文化精华的同时,自觉抵制多元文化的糟粕,养成良好的思想政治品德素质。

2.合理构建校园文化设施

校园文化设施的合理建设主要是通过在大学校园内建设教学楼、图书馆、宿舍、食堂、运动场、广场等基础设施,使其蕴含多元文化中的有益成分,使这些基础设施在无形中对大学生和教职工产生潜移默化的正面影响。合理建设校园文化设施,是在多元文化背景下优化大学校园文化环境的灵活策略。它对学院教职员工的教学和科研活动,以及大学生的学习、生活和实践活动的影响不像机构监督那样强制,它会以更温和的方式熏陶、感染人们,使人们更容易接受教育的影响。所以,优化和建设好这些基础设施,宣传多元文化的积极影响,以及减轻和避免多元文化的不利影响,对塑造大学生的健康身心以及他们良好的思想道德素质具有不可替代的作用。

3.开展丰富多样的文化活动

通过开展一系列丰富多彩的文化活动,既能使大学生积极组织和参与校园文化建设,又能在活动中体验和学习多元文化的优秀成果,提高抵抗多元文化中的腐朽思想的能力。大学生活不是单纯用于学习的,积极参加各种实践活动也是其重要的组成部分。实践活动是培养大学生人际交往、动手能力、团队合作和集体意识,以及交换知识、养成道德习惯等的重要途径。因此,在多元文化背景下,开展丰富多彩的文化活动,不仅可以彰显大学生独特的主体性,而且有利于大学生形成自己价值选择的重要途径。

第三章 中国传统文化与大学生德育创新

传统文化作为中华民族智慧的结晶,历史悠久,博大精深,是我们中华民族的灵魂,更是社会主义核心价值观的根基。将中国优秀传统文化融入大学生德育可以为大学生德育带来新的资源、新的启发和新的思路,使大学生德育在提升中国文化软实力和实现高校文化传承功能方面发挥更大的作用。本章研究的是中国传统文化与大学生德育创新,在对中国传统文化进行系统论述的基础上,着重阐释了中国传统文化中德育内容的发展与演变、传统文化视野下的大学生德育创新研究等内容。

第一节 中国传统文化概述

一、中国传统文化的基本内涵

(一)中国传统文化的概念

"文化"这个词源于拉丁文 cultura,原有耕作、居住和植物栽培之意,后来逐渐引申为精神、教育和道德风尚等意思。通常,我们会把文化分为广义的文化和狭义的文化两类。广义的文化是指人类在整个社会历史发展过程中所创造的一切物质财富和精神财富的总和。广义的文化包含繁杂的内容体系,主要分为四个层次:物质文化、精神文化、行为文化和制度文化。这四个层次相互联系、相互影响,并体现了人与周围万物的多重联系。其中,物质文化是人类创造的物质产品体现出的文化,包括所用的技术和艺术;精神文化是人类在从事物质文化生产基础上产生的一种人类所特有的意识形态,它是人类各种意识观念形态的集合;制度文化是人类为了自身生存、社会发展的需要而主动创造出来的有组织的规范体系;行为文化是人们在日常生产生活中表现出来的特定行为方式和行为结果的积淀,这种行为方式是人们的所作所为的具体表现,体现着人们的价值观念取向,受制度的约束和导向。狭义的文化主要特指精神层面的文化。

中国传统文化,即在中国具有传统性特征的文化。唐代陆德明在《经典释文》中说:"传者,相传继续也";《孟子·梁惠王下》中"统"者,"君子创业垂统,为可继也"。现代语境中的"传统"是外文 tradition 的译意,源自拉丁文 trad,其意理解为手工制作,具有历代传承的特点,进一步演化理解为历史流传的各种文化现象。

根据美国爱德华·希尔斯(Edward Hills)的观点,我们可以将传统视为我们前辈代代相传的行为方式,对社会具有规范性影响,并在不断前行的历史长河里沉淀出的具有创新思想的文化。传统有别于历史概念,虽然它是历史进程中已经沉淀并稳定下来的产物,和历史一样具有延续性和稳定性,但它也会随着历史的发展产生一定的变化。如果在传统之前加上"中国",它就突出了文化的民族属性,体现的是中华民族的创造力。"传统文化"更多地反映了文化的历史继承性。通常,我们认为中国传统文化是指中华民族在特定的自然与地理环境、经济与贸易模式、政治与思想意识的历史发展进程中,形成能够影响社会发展、渗入时代思想、传承至今的具有相对稳定性的精神成果总和。具体来说,这是自夏以来在中国土地上形成的以汉族为主体,以儒、佛、道为主流的文化体系。与其他文化一样,中国传统文化既有精髓又有腐朽成分。直至现在,我国文化体系中依然存在着诸多封建社会的落后思想,如"三纲"思想、"忠君"意识、革命恐怖心理、夜郎自大和轻视科学的态度。封建时代产生的一系列愚昧腐朽思想,在今天仍然或多或少地影响着我们的思想和行为,对社会健康、有序发展造成了障碍。传统文化的积极方面,是经过中华民族几千年的不懈努力,在历史的更迭中创造了丰富的物质财富和精神财富。正是这些宝贵的历史财富,激励着后代中国儿女不断拼搏奋进,并成为社会变革和民族崛起的不竭的精神支柱。

（二）中国传统文化的特征

1. 中国传统文化之中包含着强烈的政治责任感和"天下情怀"

这一特征主要体现在儒家思想上。儒家思想具有"入世"的突出特征,始终带有浓厚的政治色彩。例如,在传统文化中,政治思想要求以儒家"格物、致知、诚意、正心、修身、齐家、治国、平天下"为代表,贯穿整个中国历史。古代圣贤把"诚心修养"视为"内圣"人格伦理的追求,并把格物、"治国"作为从政目标。这就是儒家所强调的人的社会价值和社会职责的外在表现。除儒家外,道家、墨家、法家、兵家等许多思想流派,都有至关重要的治世之道。单论庄子的思想,追求自由的精神似乎与国家政治毫无关系,但从根本上说,他的思想观点是以虚无为其治国之根本,并在历史的实践中达到了预期的效果。中国传统文化中有许多诗词、文章和著作,其中以儒家理论为核心观点、以政治内容为重点的杰作《吕氏春秋》,被称为11世纪最伟大的改革家的北宋杰出文学家王安石的文章,它们的历史政治作用要远远高于其学术地位。中国古代文人在很大程度上与政治、名望和财富有着密切的关系,这是他们对国家和人民的世界感受的另一种体现。由于心系黎民百姓、关心国家安危,就有了屈原在流放时写成的《离骚》,杜甫流亡时写出"三吏"和"三别",范仲淹被贬职写出了《岳阳楼》。这样的例子不计其数,这不仅体现了他们的政治抱负,更是对国家和人民的深切关怀。

2. 自强不息、厚德载物的精神是传统文化在民族精神上的突出表现

历代的圣贤都用他们的言行来坚持不懈地教导我们,警示我们必须保持自强不息的奋斗精神和海纳百川的宽广胸怀。《易经》中有言曰:"君子终日乾乾,夕惕若厉,无咎。"这句话告诫我们,如果一个人每天都保持自我完善的状态并始终保持警惕心理,即使遇到危险情况,也可以避免灾难的发生。中国历史上有很多自强不息的例子,这些例子及其蕴含的精神不断启发着后人,例如,春秋时期卧薪尝胆的勾践、宋代大文豪苏轼,还有近代的华罗庚、詹天佑等人,都是值得我们学习的榜样。更贴近我们的例子是发生在延安的南泥湾大开荒的光荣事迹,这展现了中国共产党人的吃苦耐劳、艰苦奋斗精神,仍然影响着一代又一代的年轻人。《象传》有言曰:"地势坤,君子以厚德载物。"这句话是说,如果您想获得绅士的美德,就应该像大地一样具有包容万物的心胸和气度。可以发现,中国人自古以来就有着"海纳百川,有容乃大"的思想,积极主动地学习和吸收对自身有利的事物。唐朝是古代历史鼎盛时期的一个很好的证明。它不仅造就了光荣的经济和政治时期,而且在促进文化发展和繁荣方面发挥了巨大作用。当然,厚德载物的精神在人民群众中具有传统基础,特别是在近现代,广大共产党员不怕牺牲和不畏艰辛的伟大奉献精神体现了传统文化和道德的基本精神。从另一个角度看,正是这种坚定不移的宏大气度,使我们即便面临诸多艰辛,仍不懈地为建设一个和平的世界与和谐的社会奋斗。

3."以人为本"和"民本"思想是中国传统文化精神的又一鲜明特征

人文主义是西方古典主义哲学家费尔巴哈提出的哲学理论。它的主要内容是对神学和宗教的否定,主张应当以人为本,一切都应着眼于人的需求。尽管这种思想流派在中国传统文化中并未完整地出现,但是儒家的人文思想(人本主义)也是以人为本,两者具有相似的人本关怀思想。"人文"一词在中国最早出现于《周易》:"刚柔交错,天文也;文明以止,人文也。观乎天文,以察时变;观乎人文,以化成天下。"这句话原本是指对人的礼乐教化,是相对于天文来说的,但在后来的发展中逐渐转化成对做人的学问、人的价值观等方面的研究。总览中国传统文化,以人为本的思想渗透在各名著典籍之中。中国传统文化中的以人为本的思想主要体现在人自身的价值和处理人与人、人与社会、人与自然的关系之中,如儒家思想认为"三才者,天地人",认为人的价值等同于天和地;孔子也说:"未能事人,焉能事鬼?"认为人事比鬼神之事更重要。

民生,是中国历代统治者相当重视的政治问题,如《尚书》阐发的"天视自我民视,天听自我民听"的思想,孟子的"民为贵,社稷次之,君为轻"等一系列有关民本、人本色彩的代表性思想,无不警示着封建统治者要施行仁政,认识到人民的重要作用,中国古代社会出现了一段时间的太平繁荣的盛世局面。现今,我国科学发展观关于民生的问题,很大程度上是对古代人本、民本思想的继承和发展。

(三)中国传统文化的评价

1.中国传统文化的精华与糟粕

中国古代文化的基础是小农经济,由自然经济的生产力的状态决定的生产关系是以家族为本位、以血缘为纽带的宗法等级关系,在这种家族宗法等级关系的基础上,又构成了封建宗法等级的社会制度,在这种社会制度的影响和作用下,形成了积淀中华文化的心理结构,这种社会心理结构的加工升华及其系统化和理论化,形成了中国古代的思想体系。这也就是中国古代的政治思想、法律思想、伦理思想、道德思想、文学、艺术、哲学、宗教等社会意识形式。由此可以看出,以自给自足的自然经济为基础,以家族为本位的宗法等级伦理纲常,是贯穿于古代中国的社会生产活动和生产力、生产关系、社会制度、社会心理和社会意识形态这五个层面的主要线索、本质和核心。围绕这些主要线索、本质和核心展开的中国古代两种不同的对立和对抗的文化侧面的矛盾与斗争,成为推动中国文化前进的基本内部动力。

正是因为这样,中国古代传统文化具有鲜明的矛盾和两重性:精华和糟粕并存。

(1)中国传统文化的精华部分

中国传统文化中积极的、进步的、革新的一面构成了其精华。诸如:

①深厚真挚的爱国情结

这是中华民族向心力、凝聚力的反映。中华文化的这种爱国情结,又具体地表现在深沉的忧患意识和不屈的民族反抗精神上。所谓忧患意识,是将世界、社会、国家的前途命运萦系于心,对可能遭遇到的危难抱有警惕并由此激发奋斗图强、战胜困境的决心和勇气。从孔子的"君子忧道",到范仲淹的"先忧后乐",再到顾炎武的"天下兴亡,匹夫有责",都表现出了历代仁人志士忧国忧民的博大情怀。儒家学说的落脚点就在于"治国平天下",济世之穷,救世之危,针砭时弊,解民倒悬。张载有句名言:"为天地立心,为生民立命,为往圣继绝学,为万世开太平。"这是多么强烈的社会使命感和责任感啊!同仇敌忾、不屈不挠地反抗强暴、抵御外侮的斗争精神,是传统文化爱国情结的又一特征。祖逖的"闻鸡起舞",岳飞的"精忠报国",文天祥的"留取丹心照汗青",等等,都是这种精神的写照。在形成反侵略精神的同时,又铸就了中华民族注重民族气节的优良传统。"富贵不能淫,贫贱不能移,威武不能屈""宁为玉碎,不为瓦全""临大节而不可夺也",汉代的苏武、宋代的文天祥就是其中的典范。

②启蒙革新的民主性

中华民族文化发展的过程就是不断启蒙和觉醒的过程。一代又一代的志士仁人为革新事业流血牺牲,但从历史的观点看,改革者的革新精神激励着后来者继续前进。中国古代的"民本"思想,主张"利民""富民""恤民""爱民""民为贵,社稷次之,君为轻""民为邦本""为民请命"等,都表现了一定的民主性。

③中华民族历代相传的优秀品德

在中国劳动人民身上体现出来的热爱劳动、埋头苦干、吃苦耐劳、刚健有为、自强不息、艰苦奋斗、淳朴务实、勇于进取、反抗强暴、至死不屈等珍贵品质,是中华文化的主体,这是中华民族的脊梁。

④重视自然科学的传统

中国古代涌现出群星灿烂的科学家、发明家,出现了举世公认的科学名著,诸如《黄帝内经》《本草纲目》《齐民要术》《天工开物》《梦溪笔谈》等。19世纪英国著名科学家达尔文就称誉李时珍的《本草纲目》是"中国古代的百科全书"。秦代兵马俑、万里长城、纸、火药、指南针、印刷术更是著称于世。中国文化强调宇宙事物的有机统一性、综合系统性和自然规律性,形成了中国独特的自然哲学观念,这对世界自然科学的探索不无启迪。美国科学家 R. A. 万利坦在《中国传统的物理学和自然观》一文中就说:"当今科学发展的某种倾向所显露出来的统一整体的世界观的特征,并非同中国传统无关。完整地理解宇宙有机体的统一性、自然性、有序性、和谐性和相关性是中国自然哲学和科学千年探索的大目标。"

(2)中国传统文化的糟粕部分

在中国传统文化中,同时也存在着大量的时代发展过程中不可避免的糟粕。因为中国传统文化,说到底主要还是中华封建社会的文化。就和任何时代、任何民族的文化创造一样,都受到历史条件的局限,一些弱点和不足是无法避免的,例如:①以家族为本位的宗法等级制度和观念;②自给自足的封闭的安于现状的狭隘的生活方式;③反民主、反人道、反革新的封建专制主义和帝王思想;④以神权、君权、族权、夫权为核心的纲常礼教;⑤"罢黜百家、独尊儒术"的思想专制,"民可使由之,不可使知之"的愚民政策;⑥因循守旧、故步自封、夜郎自大、闭关锁国、狂妄虚骄、抱残守缺、自卑自贱;⑦崇古薄今、重义轻利、重农轻商等。所有这些都极大地阻碍了中国社会历史向前发展。

中国传统文化的糟粕是相对而言的,并不是说其中不含有任何合理因素。精华与糟粕在一定程度上是很难截然区分开来的,其中,有些精华含有糟粕,有些糟粕也不无精华的成分。认识中国传统文化的精华,就是为了更好地掌握中华民族的脊梁,以此作为建设社会主义新文化的民族素质、内在的根据和动力。同时认识中国古代传统文化的糟粕,也是为了更好地消除建设社会主义新文化的历史惰性和阻力。我们对于传统文化的评价,既不能简单地肯定,也不能简单地否定,而是应辩证地科学地加以对待。在建设中国特色社会主义的新文化过程中,我们应该批判地继承中国传统文化,大胆而又有选择地吸收消化外来的先进文化,并使二者融会贯通,成为一体,使之成为民族的、爱国的、科学的和民主的新文化。

2. 学习和研究中国传统文化的意义和原则

中国以其悠久的文明历史、灿烂的文学著作和辉煌的历史成就著称于世,中华民族曾经创造了举世公认的优秀东方文明,曾经给华夏带来了无比的自豪和自尊,这是一份非常宝贵的历史遗产。然而,自16世纪中期,即进入近现代以后,西方文明大量涌入我国,中西方文化在交互中发生激烈的碰撞。在文化碰撞中,我们一度引以为豪的文化却渐渐暴露出极大的缺点,于是在民族发展本能的驱使下,我国开始了一场历史长久的民族文化变革运动。在近一个世纪的漫长的探索过程中,中国的传统文化遭到不断的挑战和剧烈的冲撞,但是深深的民族情结和缺乏对西方的了解,始终没有使中国文化步入现代化轨道。直到 20 世纪 80 年代,伴随着改革开放和现代化思想与实践,我们再次承担起文化变革的未竟使命。当然,中国的文化的现代化转型是没有完成的,只是得出文化变革的方法和途径。至于文化转型的变革,则是一个漫长的过程。但是不管其历程是如何漫长,只要了解了方法、途径,也就等于跨出了一大步,文化的转型也就只是时间的问题了。人类社会文化变革的规律和世界其他现代化成功的经验表明,一个国家和民族的现代化,必须要立足本民族的文化之上,不能完全抛弃传统文化而去建立一种全新的文化模式。因此,在中国建立社会主义现代化期间,学习和研究中国传统文化依然具有重要的现实意义。

(1)有助于全面深入了解中国的民族文化,进而了解自己的民族

不了解自己的民族文化,不仅是可悲的,也是可耻的。可以说,在现存的国家和民族里,还没有找到不重视本民族文化的。可以毫不夸张地说,民族文化的发展是一个国家和民族整体发展的重要前提。对于一个完全抛弃自己民族文化进行发展的国家和民族,它不仅缺乏内在动力,而且也没有旺盛的生命力。

(2)有助于培养民族情感,增强中华民族的向心力和凝聚力

中国传统文化是中华民族几千年文明的结晶,是中华民族宝贵的精神财富。正是凭借传统文化的凝聚力,中华民族形成了坚不可摧的民族整体,并屹立于世界优秀民族之林,且不论遭遇多大的风雨,都丝毫无法动摇中华民族团结一心的意识,没有削弱民族的向心力和凝聚力。可以说,传统文化是维系中华民族情感的重要纽带。我们古代五千年的文明,原来不是我们的累赘和负担,而是我们走向民族复兴的深厚的土壤和丰富的宝藏。从这个意义上讲,我们要歌颂我们伟大的民族,歌颂其深沉、博大、雄浑、睿智的文明。

(3)是实现中国特色社会主义现代化的重要保证

与世界任何一个国家的现代化一样,我国的现代化也是自己民族的现代化,而且也只能是自己民族的现代化。建设中国特色社会主义现代化要求我国必须以民族文化为基础,切不可照搬其他国家的模式。因此,就必须深入学习和研究我们民族的文化,通过对民族文化的全面审视、深入剖析和理性思考,将传统文化与现代化合理连接,有的放矢地去剔除糟粕、汲取精华,否则将会走向历史虚无主义。

然而,中国传统文化不论是在体系还是在内容上都是十分庞杂的,而且从社会进步和发展的角度来看,既有糟粕也有精华。因此,在继承上必须坚持以下原则:

①以马克思列宁主义、毛泽东思想和中国特色社会主义理论体系为指导,运用历史唯物主义、辩证唯物主义观点和科学分析的态度,加强对中国传统文化的剖

析、研究,分清"精华""糟粕",批判地加以继承。

②对传统文化的优秀成果、宝贵的民族精神财富,要根据社会的发展,赋予时代精神和时代要求,突破其历史的局限性,进行发展和创新。

③把继承发扬中华民族优秀文化成果与大胆吸收和借鉴人类社会创造的一切优秀文明成果,包括资本主义发达国家的优秀文明成果结合起来,创造出更新更高的现代文明。

④理论与实践相结合。通过实践活动,发挥传统文化在现实社会中的功用,加强社会主义精神文明建设,促成新的道德规范的建立。

总之,学习和研究中国传统文化是我们民族自身生存和发展的需要,也是时代的要求。它既关系到中华民族能否在将来立于世界民族之林,也关系到中国特色社会主义现代化建设的成败。可以说,了解和掌握中国传统文化是历史和时代赋予我们每一个人的重任。

中国传统文化作为中华民族的伟大创造,曾以其辉煌的光焰照亮东方,为中国乃至世界的历史做出了重大贡献,但是近代以后,在先进的西方文化崛起之后,中国的传统文化开始变得落后。作为一个民族庞大的遗产,直到今天仍然影响着中国人的思想和行为。所以,正确地处理和评价中国传统文化的历史价值和当代效益,正确地处理传统文化与现代文化的关系,是增强我们民族自尊心和自信心的必要前提。

二、中国传统文化的功能

(一)经典理论的育人功能

1.儒家以修身为核心的经典理论

在封建社会,以孔子为代表的儒家长期处于主导地位。儒家提出的人伦道德包括:其一,把修身作为根本,为实现修身提供了理论方法和实践指导。"所谓诚其意者,毋自欺也""君子必慎其独也"。提升个人修养的最终目的是治国平天下。其二,要以"仁"为本,将其作为做人的标准和原则。孔子认为"仁"是道德的最高境界,"仁者爱人"是道德的核心。"仁"是儒家人本思想的集中体现与理论的基础构成。

2.道家以无为为核心的经典理论

老子在道家经典著作中曾这样写道:"天地万物的根源是永恒不变的,道即是万物的根源,深刻体悟道,人能得到道中的'德'。""德"是无心、无欲、柔软、谦虚、柔弱、质朴、节制的结合,只有在实践中坚持不懈,才能在坚苦困难的条件下生存下去。道家的主要观点:一是倡导水的模式,强调为人要上善若水;二是提倡"无为",着眼于事物的发展过程,倡导"无为而治"。所谓"无为",并不意味着消极且盲目地服从命运安排,而是主张人们在符合自然条件的基础上展开行动,不加干涉地使过程自然发生。实践证明,"无为而治,道法自然"的思维方式可以有效应对社会环境的不断变化。

3.墨家以兼爱为核心的经典理论

墨子强调"兼相爱",并认为每个人都应该充满亲和力,发挥团队的协作精神和互助精神,结束"交别"的困境,那么所有的不幸和怨恨都会消除一空,同时国家富裕、人民强大、政治清廉、法纪严明。其一,墨家倡导"天志",强调树立团队合作精神。由于墨子在劳动阶级中成长,他的思想体系就包含了制造和创新实践的许多要素。他主张遵循团队的共同信念,实现"兴天下之利,除天下之害"的目的。其二,墨家把克服"三患"作为努力的目标,把个人利益同社会利益和国家荣誉相结合。

4.法家以法为本的经典理论

法家的经典理论针对人民身心发展的特点,提出"人性恶",倡导"法治"。法家是战国时期平民的政治发言人,他们的学说强调法、术、势三位一体的管理,并重视组织的管理权威。战国末期,韩非对前人的学说进行了总结和概括,整合了法家重要理论,将法律作为有利于社会统治的强制性工具。如果偏离或违背了相关的规章制度,即便是贤明的君主也会感到力不从心;而遵守了相应的法规制度,就算是普通百姓也能有效地掌控大局。事实上,当代中国法律就是在法家思想的影响下诞生的。这种思想对国家的政治、文化和道德方面具有强大的约束力,并对现代法律制度产生了极其深远的影响。

(二)中华文明的导向功能

在经济快速发展的同时,我国人民的生活质量、生活方式以及思维模式等方面也发生了巨大的改变。这样的时代背景下,大学生的思想观念势必会受到一定程度的冲击,或多或少地给大学生的价值导向留下明显的时代印记。在现实生活中,丰富的物质元素给大众带来极大的享受,然而,精神生活却因为精神元素的匮乏无法满足大众的需求。这种情况就导致了大学生在身心发展的过程中,还要面对选择的机会和精神层面的焦虑。各种形式表明,我们亟须关注大学生的价值导向。

大学生社会责任感培育工作吸取了中华民族社会文明的发展经验,依照正确的精神指引和强大的精神动力,在物质文明和精神文明的共同发展推动下,通过启发、教育等方式,把学生的思想、行为引导到符合社会发展要求的正确方向上。在物质文明方面,要践行"天人合一"的理念,即提倡人与自然和谐发展,强调人与自然和谐共处的必要性为初衷,将共生思想与社会责任感的培育相结合,从而促进大学生树立人与自然和谐共处的理念,实现经济和社会的可持续发展。在精神文明方面,学习和掌握优秀传统文化的爱国情怀、人生理想、奉献精神等,为大学生树立正确的三观提供坚实的精神基础。

第二节　中国传统文化中德育内容的发展与演变

一、中国传统文化是大学生德育的原生资源

我国社会发展进程是"文化之邦"与"道德之邦"交相辉映、并轨培育的过程,道德体系既体现于服务政权的上层文化之中,也蕴藏于繁花似锦的社会文化之中。中华文化可以看作是历代君王、圣贤和广大人民群众集体文化成果的结晶,社会传统文化作为其中的重要组成部分,包括生活与生产的习俗、惯制,家族与社会的组织,岁时节日风俗,传统的心理、观念,流行的信仰、崇拜,口头语言以及以口头语言传承和表演的各种文化知识和民间文学与艺术等,固有基础性、群众性、民族性、地域性、继承性、交互性等基本特征,是人类社会发展中以文化为方式、方法的朴素化集成和象征性体现。社会传统文化萌生于民间,融合于万物,世代相传,生生不息,既或多或少地决定了人民群众的衣食住行方式,又每时每刻都影响着社会的生产和生活,其精华积淀宛若民族文化的数据库,蕴藏了丰厚的道德教育资源。

精神意识类传统文化资源的差异,会使不同民族的民族精神、情感和尊严等层

面产生极大的不同。而这些不同之处，展现了不同民族的文化结构、处世智慧、精神气质及心理定式等方面的特点。民俗礼仪习惯作为共建和谐社会的必备法则，为人们处理人际关系作出了思想指导，保证了人际交往过程中人们切实履行社会公德、虔诚信守社会规范。家训家风作为祖先对子孙立身处世、持家立业的警示和教诲，反映了一个家庭的"核心价值观"，它通过规范家庭成员的思想行为和文化涵养，为伦理道德、自我人格等方面的培养与塑造提供了有利环境。宗教文化多源多样、开放包容，追求大同和谐、万物归宗，随着中华文明的崛起构建起各自的信仰引导体系，其中的图腾文化追溯人类祖先与自然的关联，解释神话古典及民俗民风，对各民族宗教和意识形态产生着深远影响。各类思想学派涵盖政治、经济、文化、军事诸多领域，百家争鸣、百花齐放，接地气、促民生，明哲理、助治国，传承光大、泽被后世。此外，还有那些传统节日文化中蕴含着的民俗心理和文化精神，最能牵动社会成员真挚的民族情感，淋漓尽致地反映出民众广为认同的价值观念。

物质实体类传统文化资源不同于精神资源，它是看得见、摸得着的。其存在，就足以抵得过千言万语，通过其外在表现生动地讲述民族文化的历史过往，为德育提供最佳的素材。伴随着"美丽乡村建设"的开展，使古村落、古建筑等包含历史的优秀传统文化与现代文明相交融，以厚重的历史气息和强大的感染气场回望昨日、演绎当下、瞩视未来。作为宗族文化和血缘文化的载体，民间宗祠依靠家庭血缘的纽带，团结宗族乡邻、维护人伦秩序、继承家族文化。各具特色的古道文化逶迤于青山绿水之间，如同流动的诗画佳作，承载着千年历史记忆，用亲历沧海桑田变迁的深切感悟述说着中华文明的点滴辉煌。民间雕塑、陶瓷和其他手工艺文化瑰宝数不胜数，不仅真实地展示了人们的才智，而且是追求社会优雅和审美价值的最佳缩影。还有大量民歌、传说、舞蹈、戏曲等民间文化艺术创作家喻户晓，喜闻乐见，犹如"活化石"，吟唱着伏羲、女娲、盘古等传奇圣贤的颂歌，掀起妈祖、唐卡等地方性文化研究热潮，在五湖四海刮起一阵又一阵强劲的中国旋风。

习近平总书记强调，"培育和弘扬社会主义核心价值观必须立足中华优秀传统文化。牢固的核心价值观，都有其固有的根本。抛弃传统、丢掉根本，就等于割断了自己的精神命脉"①。千年中华文明拥有自己独特的价值体系，社会传统文化作为中华文化的重要组成部分，深入民间、扎根民众，走进生活、涉猎广泛，基础性、群众性特点鲜明，需要我们从人类学、社会学、政治学、哲学、历史学、民俗学、宗教学、

---

① 习近平.把培育和弘扬社会主义核心价值观作为凝魂聚气强基固本的基础工程[N].人民日报，2014-02-26.

民族学、艺术学及教育学等多学科视角加以全面透视，系统地发掘、凝练和提升其现代德育价值。世代相传的仁义礼智信积极倡导"仁爱、忠义、礼和、睿智、诚信"等精神，百姓人家的温良恭俭让注重培养"温和、善良、恭敬、节俭、忍让"等美德，是民间为人处世的哲学。以儒家为代表的传统文化吸收中华文明滋养而生根发芽，仁爱精神从人类自我的关爱走向对自然界万物生灵的尊重，成为当代生态伦理道德构建的精神准则，推动社会成员道德自律意识的形成；以公平、公正为宗旨的义利观是人类道德原则的共识，尽管不同社会阶段具体内涵不尽相同，但本质上对道德正义的朴素追寻与无限崇尚却一直是其题中之义；社会习俗、礼仪规范是人们在认识自我世界、探究万物规律的进程中自觉形成的行为逻辑，协调人际关系、维系社会秩序，是社会道德文明程度的重要表征；传统文化资源围绕德行的生成与完善，在精神世界和物质领域无不强调把"正心诚意"当作"修身"的前提，对建设当今信用社会、引导公民诚信意识具有极其重要的道德示范意义。优秀的传统文化资源由古及今经久未衰，思想精髓和良知道义亘古不变，无不昭示着中华文化发展中的思想深度、精神高度和文化厚度。

社会文化能从文化支撑、精神支柱意义上决定一个区域的存在样态与发展潜力。湖北是长江与其支流汉水、清江的交汇地，既有被称为"天下粮仓"的江汉平原，又有被列为"世界遗产"的神农架；区域内民族众多，民俗文化体量大。多元化的文化主体与异彩纷呈的自然环境共同构成了特色鲜明的湖北文化地理版图。湖北文化既传承了楚文化、荆楚文化，又纳入了近现代的首义精神与红色文化，它不但赋予了传统文化时代的生命与活力，而且为湖北区域的建设与发展注入了新的营养元素，提供了有力的文化支撑。具体来说，湖北文化包括四方面的内容，即长江文化、汉江文化、清江文化与红色文化，具有开拓创新、敢为人先、兼容并蓄等鲜明特色。这些传统文化基因中的精神品质，无疑为湖北大学生的道德行为提供了积极的指引与范式，先后涌现了全国见义勇为模范赵传宇、全国孝老爱亲模范谭之平等一批社会助人为乐模范、见义勇为模范、诚实守信模范、敬业奉献模范和孝老爱亲模范，展现了荆楚大地当代大学生的青春风采。

社会性和历史性是价值观形成的基础。审视文化的发展历程，它具有世代相传、连续不断的演变特性，是一种延续传承、贯穿始终的社会生活方式。社会的传统文化资源以其自由活泼的形式、厚积薄发的底蕴，真实地展现了社会生活，维护和表达了公众的利益。其中，璀璨的物质文明和悠久的历史素材为形成社会共识、培育社会发展和拓展道德文化不断添砖加瓦。从古至今，悠久的农耕文化将社会与个人的道德修养融合其中，成为"天人合一"传统文化基本特征的真实写照，生动传神地呈现在《弟子规》《三字经》等佳作名篇之中。伴随着工业化与城市化的不断推进,农耕文明框架下的文化不断遭受冲击。这时,作为富有向善力量的传统文化的继承者,承载中华五千年文明的道德文化的接班人,我们要积极引导与规范人与人、人与社会的关系,自发创造良好的道德氛围,努力为国家和民族培育出"具备远大眼光、通融识见、博雅精神和优美情感"的建设者和接班人。

二、中国传统文化中德育内容的历史传承

德育在历史中都有着相应的时代背景。只有审视源远流长的中国历史,才能领悟发展的方向,并对中国现在发生的事情有所理解。中国传统社会主要是一种典型的农业社会,在这种社会中,主要是自给自足的小生产经济,社会依赖产品主要是农业产品,包括粮食和相关的棉花、蚕桑等。在这种社会中,最需要的是一种和平和安静的环境,社会处于一种静态的平衡对于社会的延续就已经足够,过多的变革往往会打破平衡,导致社会动乱。所以在中国传统社会中,整个社会主要采纳的是儒家思想的社会哲学思维,强调社会整体控制和秩序化,社会追求的是静态平衡。

(一)中国静态平衡的传统社会结构

中国传统社会中的所有成员都被置于一个等级明显的体系中,最上层为皇帝,之下为文武百官,然后为地方士绅,最后为平民。自秦汉之后,中国社会个体之间的平等性较好,社会个体可以通过军功、科举等实现社会层级流动。"王侯将相宁有种乎"所指向的社会个体可能的平等,为中国社会普遍认同。从伦理的角度上看,中国传统社会的"学而优则仕"在正义性上远高于西方中世纪的"血而优则仕"。

我们可以发现这种社会体系背后的社会逻辑:通过平民生产整个社会必需的产品,而由皇帝、官员保障整个社会的和平和法律秩序。通过地方士绅保障必要的地方自治,确保地方矛盾的消解和地方必要的自治力量的构建及组织。同时为了解决社会中层级的流动性问题,吸引社会精英人才参与社会管理,通过科举制度来保障人才的流动,最终形成一个封闭的社会系统,这种系统具有非常良好的稳定性,并且具有良好的控制性,是一种典型的静态平衡的社会。

为了服务于这种静态平衡的社会,传统中国社会中的德育主要是服务于社会的稳定性和系统性,所以有了三纲五常的伦理教育。三纲即君为臣纲、父为子纲、夫为妻纲。这三纲的伦理明显是指向整个社会的静态平衡,确保将社会中所有成员都纳入一个系统。在三纲中,每一对夫妻之间指向丈夫,所有家庭成员指向父

亲,平民指向官员,全国官员指向皇帝。这样整个社会的成员和力量都被纳入了一个体系之中,这是一个非常严密和具有极高组织性的社会系统。这种系统性是中国古代保守和稳定的重要原因。

而五常则主要指向社会个体的具体社会生活,是一种今天看来仍然非常高尚的价值观体系。五常具体是仁、义、礼、智、信。仁即仁爱,是儒家思想的核心伦理思想。义即道义,在日常生活中又往往被认为是义气,这是中国朋友之间极为重要的价值观。礼在中国德育体系中一直有着特殊的意义,中国社会中对礼的规范,可以被看作是今天礼仪教育和绅士教育的历史渊源。智可以被认为是中国社会中对个体智慧的一种褒奖,并将其视为伦理,与苏格拉底的"知识即道德"有着相近的含义。信即信用,孔子认为民无信不立,一个国家、社会、家庭、个人都需要有信用,这是社会生活中的必要构成。

无论是三纲,还是五常,都可以看出其背后的保守意义。这其中几乎没有一种价值观是进取的,都是指向社会的静态平衡,并不鼓励现代西方自由主义所指向的动态平衡哲学。也许是源于对动乱的过度恐惧,所以在中国传统社会中,对于不确定的,都一概加以限制,如对商人的限制,对海洋贸易实施海禁,对儒家思想之外的其他学说的限制,就是明显的历史证据。

在这种社会背景中,中国德育所指向的,也是循规蹈矩的保守的社会个体,所以采取固定的科举制度,采取固定的儒家思想经典,所希望产生的,也是静态平衡的社会。这种社会从历史角度来看,稳定、和平是其优点,但缺点是极为保守,发展极为缓慢,社会如同一潭死水。德育中培养的个体反过来会强化自身价值观的传承,最终导致保守的教育、保守的个体、保守的社会、保守的价值观、封闭的社会体系,整个社会进入一种发展上的停滞时期。

(二)中国传统德育思想的发展轨迹

中国德育思想本身是在历史发展中不断演进的。在具体的德育思想的演进上,主要呈现出以下的发展轨迹:

三皇五帝时期是中国的神话时期,虽然这些大多是虚无缥缈的神话故事,但无不形象地展现出中华民族自古就有的伟大精神,如伏羲的八卦、神农的百草、黄帝的智慧等。这些神话构成了中华民族非常重要的文化根基,炎黄子孙了中华民族的一个重要的身份符号。

之后的夏代尚武,流传下来的道德和文化遗产较少。商代重鬼神,周代大致是明确的传统道德思想的重要产生时期。周公(姬旦)把政治与道德结合起来,提出了"敬德保民""以德配天""明德慎罚",以及"孝、友、恭、信、惠"等宗法道德规范,即著名的周礼。

在春秋战国时期,由孔子创立,经孟子和荀子进一步完善,儒家的道德伦理思想得以确立。整体上看,春秋战国时期百家争鸣,是中国历史上少有的思想多元化和个性化的时期,这一时期也是整个人类历史上著名的"轴心时代"。以墨子为代表的墨家、以老庄为代表的道家、以韩非为代表的法家均为后世德育提供了重要思想。

汉唐时期是中国传统德育的重要发展时期。董仲舒通过《春秋繁露》等著作,对孔子的儒学进行了重新而极大胆的阐释,最终创立了以"三纲五常"为伦理核心,以阴阳五行"天人合一"等为思维基础的儒学体系。汉武帝采纳了董仲舒的建议,实行了对中国后世影响巨大的"罢黜百家、独尊儒术",最终把儒家思想立为国家"名教",成为中国古代社会的正统道德思想。同时,这一时期佛教和中国道教也兴盛起来,并与儒家思想共同构成中国传统社会思维的三维结构:儒、道、佛,即中国的三教。

宋明时期,中国儒学发展到了新的阶段:即理学。理学一方面继承了孔孟的"道统"思想,同时又吸取了佛、道两教思想的积极成分,提出了以"天理"为宇宙本体和道德本质,对儒家思想的天道观、人性论、义利观、修养论等道德思想有了新的诠释和发展。从整体上看,明清时期中国德育思想主体因循守旧,思想亮点是王阳明的心学。辛亥革命之后,中国德育思想的主体发展是孙中山的三民主义、毛泽东思想、邓小平理论为代表的中国特色社会主义理论。当前指导中国德育的是习近平新时代中国特色社会主义思想。

在我国传统德育中,以"仁者爱人"为核心理念,以"正义君子"为培养目标,以"四维""八德"为施教内容。在实施教育的过程中,主张"知行相须",强调"修身为本"。所以,从本质上讲,我国德育与西方传统在内容上和理念上差异很大。西方强调宗教,成为上帝的子民是西方社会传统德育的培养目标。而中国传统德育的主要目标则是教人懂得做人,懂得爱人。"修身为本"是中国传统德育的根本方法,"教人如何修身"是我国传统德育发展史的主体内容。

(三)当代中国德育理论体系的历史继承

当代中国德育体系仍然有着浓重的传统德育因素,特别是传统德育的静态平衡的社会目标,仍然对今天的中国德育理念有着非常重要的影响。今天的中国德育在道德与政治的结合、价值观体系的系统化、社会倾向的价值取向、强调和谐和平等方面与传统德育有着非常相似的一面。

在道德与政治的结合上,传统德育是以儒家思想为核心基础,政治和道德两者也都是以儒家思想为核心理论基础,所以道德与政治在很大程度上都是一体两面,这是传统德育中道德与政治紧密相连的重要原因。今天的道德与政治在德育中的紧密结合,也与此类似,主要是希望政治与道德的结合,能够确保社会政治的道德性以及道德对政治的支撑,这样的体系确实有利于社会的和谐与和平。今天中国德育强调社会主义方向和中国特色社会主义理论体系的指导,也是道德与政治在新时代的紧密结合。

另外,在价值观的体系化上,中国德育一直强调核心价值体系,传统社会是三纲五常,今天的中国社会和中国德育也强调主流价值观,具体是社会主义核心价值观。这一点无可厚非,因为任何社会都需要主流价值观,否则社会就可能会陷入道德上的相对主义,而导致社会混乱。道德本身就是一种主流社会意识形态,不是主流社会意识形态,也就不能称其为道德。同时,在传统中国德育和当代德育中,都有一种明显倾向于社群的价值取向,对社会和谐与和平具有良好的支撑作用。虽然对个体的自由度确实有着一定的消极性,但凡事都需要付出代价,而中国社会哲学认为,这种代价是值得的。

三、中国传统德育思想的时代应对

(一)文化坚持与自信

如果要实现中国德育范式本身的修身齐家的个人目标,中国德育必须要做到文化坚持与自信。"中国人民的特质、禀赋不仅铸就了绵延几千年发展至今的中华文明,而且深刻影响着当代中国发展进步,深刻影响着当代中国人的精神世界。""一个时代教育的艰难之根源,不仅在于财力和人力的不足和匮乏,更在于没有方向和理想。在一个太过实际的庸俗主义和实用主义盛行的时代里任何一点理想都会被视为不合实际,不切实际。"①不同国家之间的竞争很大程度上是文化价值观的竞争,不同的文化价值观在相当程度上决定了该国的努力程度和发展方向。以下是塞缪尔·亨廷顿的经典论述:

几十年来,经济学家们一直思考一个问题:"为什么一些国家的经济迅速发展,繁荣昌盛,而另一些国家却仍然落后与贫穷?"20 世纪 60 年代,加纳和韩国处于近

---

① 十三届全国人大一次会议闭幕会,习近平发表的重要讲话。

乎相同的经济社会状况,再细说,在人均国民生产总值、社会主要行业的比例,以及贸易的种类和接受外援的数量等方面,两国都几乎一致。但30年之后,韩国一跃成为世界级的经济大国,而加纳却毫无变化。这种差异有多方面的影响因素,而其中最关键的,非文化价值观莫属。韩国具有崇尚节俭、吃苦肯干、积极投资、严守纪律并重视教育的价值观念,这些都是加纳人欠缺的。

与此类似的,还有马克斯·韦伯的《新教伦理与资本主义精神》,所揭示的几乎是同样的道理。他认为正是基督教清教文化的勤劳、节俭、朴素、虔诚等道德价值观,成就了西方社会近代经济和技术的崛起。中国儒家思想文化有着优秀的道德价值观,今天中国的社会主义核心价值观是传统优秀文化与中国特色社会主义的结合,其内在维度坚定指向人民幸福、民族复兴、国家富强三个维度。在文化领域,中国德育范式也要捍卫自己的优秀文化传统,树立文化自信,推进中国社会个体的健康的社会化。在全球化的时代,中国德育和中国文化都要做到:"风斜雨急处,立得脚定;花浓柳艳处,着得眼高;路危径险处,回得头早。"

(二)构建现代家庭教育

中华民族高度重视家庭教育,习近平总书记指出:"尊老爱幼、妻贤夫安,母慈子孝、兄友弟恭,耕读传家、勤俭持家,知书达礼、遵纪守法,家和万事兴等中华民族传统家庭美德,铭记在中国人的心灵中,融入中国人的血脉中,是支撑中华民族生生不息、薪火相传的重要精神力量,是家庭文明建设的宝贵精神财富。"[①]当代中国的家庭结构已经大幅变化,很难想象家庭结构会回归传统,所以寄希望于回归传统家庭已经不现实。当前中国德育范式和社会教育需要关注的是如何构建现代家庭教育。

大学生在步入大学这个小型社会之前,更多是在家庭里学习、生活的。家庭教育不像学校课程,它既没有明确的计划和目标,也没有固定的内容和环境,它是依靠家长的文化修养、社会地位、道德观念,在潜移默化的"亲子"影响下进行关于思想作风、行为习惯、言行举止等方面的教育。这种教育是"无声"的,它更像是一个示范性的"榜样",会因家长的各方面因素产生极大的差异。也就是说,家长应尽力提高自身的素质和修养,否则很难承担起教育孩子的责任。

大学生思想素质是影响其思想道德品质的形成与发展的重要因素,具有强烈的深刻性和持久性。因此,为了学生的发展,要求我们事先进行家庭教育,为学校

---

① 2016年12月12日,习近平总书记在会见第一届全国文明家庭代表时发表的讲话。

教育奠定良好的思想基础。学生成长为大学生后,家长要抓住这一重要的人生转型期,进行"爱而不惯,尊重信任;严而不苛,民主平等;循循善诱,启发培养"的科学管教,放手让大学生发挥积极性。精神情感与相互关系良好的亲子关系、温馨和睦且乐观愉快的家庭氛围,有利于大学生形成优秀品质。

(三)网络净化

大学生虽处校园,但在校期间能感受到社会激烈的竞争环境,对自己将来踏入社会面对竞争心里有压力,需要借助一定方式进行缓解。网络的普及给大学生提供了一个便捷自由的交流平台,使其可以将自己的情绪和观点通过网络自由表达,发送者与接受者之间通过网络信息传递、沟通,释放、缓解心理压力,实现心理动态平衡。

网络作为方便于大家相互交流的平台,每天都会有很多不同的信息和观点被发表和阐述,这些事物使得网络呈现出色彩缤纷的状态,但这其中不乏许多无用甚至有害的信息和观点,例如暴力、色情、赌博等信息以及消极不健康的言论等。大学生作为一个学生群体,虽然其普遍已经到达成年人的年龄,但由于其往往未曾远离过校园,所以与社会的交流较少,对于网络上的某些消极的事物缺乏正确的辨别能力,导致其一旦陷入其中便难以自拔,直至跌入深渊。

加强网络管理,引导大学生树立文明上网意识,通过外界教育引导和内部严格自律,使大学生自觉抵触并排斥不良的网络信息,建立正确的三观,遵守网络法律法规,注重社会公德,做到文明上网。

(四)推进国际理解

全球化的时代,中国德育范式需要推进国际理解教育,一方面减少文化冲突,另一方面也对国内的文化保守主义保持警惕。全球化时代的文化冲突是一种常态,但德育需要做的是将这种文化冲突变为鞭炮式的小冲击,而不是炮弹般的爆炸。

在全球化的时代,中国德育需要摒弃两种有问题的倾向:其一是认为全球化的时代会天下大同,这是一种错误的观点。技术上可能会趋同,但文化价值观的差异将一直存在,不同文化价值观之间的竞争借助现代传媒的影响力将更趋激烈。其二是认为要开放一切,包括教育、文化和习俗,都应该与国际接轨。事实上与国际接轨本身就是一个伪概念,因为所谓的与国际接轨事实上是与西方接轨,西方并不等于世界。将西方等同于世界是当前中国一个非常麻烦的问题,西方的教育、文化、价值观、习俗披着世界的旗号进入中国，并美其名曰：与世界接轨。事实上，即使在今天，美国人仍然是美国人，德国人仍然是德国人，英国人仍然是英国人，法国人也仍然是法国人。既没有一个相同的西方世界，也没有一个真正意义上的"与世界接轨"。当前中国社会中众多的所谓的与世界接轨，主要都是复制照搬美国。

所以国际理解必须坚持一种批判式学习。在任何一个社会领域的学习中都必须首先充分分析中国自身的相应领域的逻辑，理解其他文化社会的相应领域的逻辑，比较并分析可能的后果，最终才能开展有实质意义的学习。既不浪漫化他国的文化，也不妖魔化他国的问题，才是国际理解的正确态度。

同时，中国德育范式还需要高度关注中国社会的保守性，中国因为一直以来的大一统和文明程度，所以有着天朝大国的心态，这是在未来发展中需要高度关注的领域。"天朝大国"一方面给了中国人充分的自信，但同时其严重的自满导致保守主义强烈，也是中国社会发展缓慢的重要原因。道德的观点应该远大，也应当更为纯净，不能什么问题都扯上道德问题。如果认为一切都与道德相关，这样对于中国的国际理解会存在很大负面影响。在未来的发展中，如何在自信与自满之间做到合理的平衡，也是中国德育范式改革与发展中需要把握的一个重点。

（五）德育的坚持与坚守

德育本身指向人性，而人性本不可捉摸，所以不能简单地认同某种固定德育范式的真理性。中国俗语常言：慈母出逆子。这是一个经验主义的结论，但在现实中却屡见不鲜。母亲的慈爱本身没有错，但慈爱却导致子女忤逆就错了。在德育中，不能简单地仅仅关注理论理性，还必须注重实践理性，这是中国的《增广贤文》《菜根谭》等带给我们的重要启示和价值。

一方面，德育要坚持理想主义，高扬人性的旗帜，具有宗教般普度众生的胸怀。另一方面，德育也必须要现实主义，认识到人性复杂的一面，直面人性恶的可能，拥有矫正、矫治的威力和力量，所谓当头棒喝。这两方面结合，才可能使德育具有自己的效力。在任何时候，都不能把德育简单地等同于爱、关怀、同情等。德育不是宗教，必须解决现实问题。宗教不需要面对青少年犯罪、校园暴力、青少年心理健康等具体问题，而这些是德育必须面对和解决的。所以德育还必须坚守，不管面对任何处境，不管面对任何个体，德育都需要承担自己的现实责任。

第三节　传统文化视野下的大学生德育创新研究

一、加强高校优秀传统文化课程建设

（一）在课程设置、教材建设方面充实优秀传统文化内容

目前,高校教育主要是通过课堂教学完成的,因此,在高校进行文化教育时,我们要充分利用课堂教学这一主渠道,在课程设置和教材建设两方面加大投入力度。在课程设置方面,学校要适当提高传统文化课程的比重:第一,为传统文化开设专门的课程,像"中国传统文化概论"之类的网络课程;或者将该项课程列为必修课的行列,成为各个专业必须参与学习的公共课。第二,在大学开展有关传统文化的专题讲座,可以聘请传统文化的研究专家和学者,为大学生讲解传统文化,如《大学》十讲、《论语》新释等。第三,可以在高校各个专业课程中融入传统文化的内容,特别是思想政治理论课程。在教材建设方面,传统文化教学可以借鉴大学生德育的成功经验:首先,要组织力量筛选和整合传统文化教材内容,出版针对高校学生的统编教材。同时也要针对传统文化课程教材进行适度的调整,将专业课程融入传统文化教学,使其更具有针对性。其次,高校传统文化教育也要跟随时代的发展,充分利用网络技术,编写出相关的网络教材,并通过网页、微博及微信公众号等形式传播,为群众提供学习传统文化的平台和资源。

（二）加强对优秀传统文化融入大学生德育的理论研究

理论研究是优秀传统文化融入大学生德育的重要理论支撑。首先,有必要提高将优良传统文化融入大学生道德教育的意识。将优秀传统文化融入大学生德育,关系到大学生德育创新发展的总方向,可不是简单的教学问题能够比肩的。提升传统文化的认知高度,就意味着我们要逐一明确它的意义和作用:作为中国独有的、根植于中国优秀传统文化土壤上的珍贵结晶,它能否将马克思主义和中国特色社会主义精神发扬于世界,能否将优秀传统文化不断扩展与传承,能否成为中华民族屹立于世界之林的文化软实力,等等。其次,还要在广度和深度上强化对优秀传

统文化融入大学生德育问题的研究。我国传统文化融入大学生德育的理论仍处于初期探索阶段,理论体系的各方面都有待深入和扩展,因此,这将是今后一段时间里的重点理论研究方向。这就要求专家学者要在研究中选择某一方面进行深入、细致的研究,把它弄懂、理清、讲明,同时还要有意识地从不同侧面展开研究,将研究成果更加立体、更加系统地展现给学生。这有助于在应用研究阶段从不同的观点提出具体措施,并使提出的具体措施合理有据,最终达到真正为实践服务的目的。最后,加强理论的创新性。传统文化是中国古代社会的文化;大学生德育坚持马克思主义思想,属于现代先进思想。将传统文化融入大学生德育本身就是一种创新,因此,当研究两者的融合时,我们需要根据实际情况进行合理创新。这就意味着,我们要从研究的角度、内容和方法上进行创新,以使中国优秀传统文化和大学生德育实现有效的融合。

二、借鉴中国传统文化实现德育的创新

(一)因任自然和重视社会人伦,加强德育环境建设

中华文化自古就强调天人的统一。人只有顺应自然的规律,才能保证自身的生存与发展;人若能把握自然的契机,将会实现国家的安定与繁荣。在社会领域,人与人之间倡导"仁"的思想,就是强调人伦义务,希望人人尽伦尽职,在为人处事方面就应该努力做到"己欲立而立人,己欲达而达人""己所不欲,勿施于人"。以"爱人"解释"仁",作为人德的根本标志,仁爱不仅是处理人际关系的精神,更是用以治国安邦的原则。如果每个人都能做到"仁",那么尊老爱幼的礼治社会就基本实现了。仁爱理念要求我们创新德育的教育机制、优化教育环境、形成良好的氛围、建立和谐的人际关系。

现阶段,我们应该以"仁者爱人"的道德追求不断优化育人环境,形成良好的社会德育范围,构建和谐的人际关系。通过德育,引导公民自觉遵守道德标准,形成良好的道德品质,增强自觉实践意识,营造和谐的氛围。除外部环境外,也要通过德育的引导作用化解人们之间的冲突和矛盾,营造和谐的心理环境。此外,我们也不能忽视德育在创造和谐人际关系中的作用,通过引导人们的生活态度、指导个人行为准则、规范群体人际关系,为打造社会主义核心价值创造良好的人际氛围。

(二)重视民生,强化德育主体的实践理性

中国文化,其精神具有实践理性的本质特征,旨在解决道德实践的问题,教导

人们如何做人、如何参与政治。儒家称之为"躬行履践",道家称之为"得道",佛学称之为"内学",成圣、成佛、返真,都离不开切身的实践。这种重视实践的理性要求,首先要指向于民众民生。所以,民生在中华文化民本思想中居于重要地位。以民为本的"民本意识",是一种以依靠"民"、解放"民"、发展"民"为根本目的的思想意识。今天我们党提出的"一切为了群众,一切依靠群众,从群众中来,到群众中去",可以说继承了中国传统文化中"民本意识"思想中的合理成分。从我党"三个代表"重要思想到科学发展观的提出,党要代表中国最广大人民群众的根本利益,这是我们党在现阶段"民本意识"的生动体现。党的十七大报告明确提出社会建设与人民幸福安康息息相关,必须在经济发展的基础上,更加注重社会建设,着力保障和改善民生,推进社会体制改革,扩大公共服务,完善社会管理,促进社会公平正义,努力使全体人民学有所教、劳有所得、病有所医、老有所养、住有所居,推动建设和谐社会,这充分体现了党以人为本、关注民生的基本执政理念。

(三)敢于创新,建构德育主、客体理想人格

中华文化把学问分为"为道"和"为学"。"为道",旨在确立人生的总方向;"为学"是要解决现实的具体问题。《周易》中说"天行健,君子以自强不息",在文化的历史原脉中我们始终强调张阳刚之气,成完美之德,自强不息,不断进取。人们把"修身、齐家、治国、平天下"作为理想的成长历程,这彰显了德育主、客体的人生价值观念和社会责任意识,表明教育主、客体的人格建构,必须建立在个体的自立自强之上。刚健自强是我们中华民族精神的真实写照,也是中华民族的传统美德,更是中国传统文化的基本人文精神。刚健自强要求我们每个人都应该自尊自重,不断地自立图强;自强自立是中国传统文化中始终倡导的人格品质,这种品质对完善个体人格、促进个体与社会发展具有重大意义。自强自立的培养不仅是个人成长的必经历程,同时也是德育的必然要求。自立自强精神具有重要的社会价值和现实意义。这种人格品质要求教育的主、客体应该努力超越自己,做时代的强者。在德育过程中,把传统文化精华与时代需求相结合,将刚健自强的精神融入德育,使其成为教育双方统一具备的内在精神追求。自强自立精神,应该和时代紧密结合在一起,德育的主、客体把时代精神和自立自强意识结合起来,实现传统文化精髓和时代的有效融合,通过创造性的自我发展,满足社会的需求。独立自主,心系社会,在合作与竞争中平等交流,实现共赢。

三、增加校园文化建设中的优秀传统文化元素

（一）将优秀传统文化元素融入校园基础设施建设

环境给人带来的影响虽小，但在长期的积累下，会由量变引起质变，带来难以想象的作用。校园文化环境是学生在校期间长期接触的环境，这种环境对大学生的教育意义不言而喻。另外，校园文化也是大学生德育的重要载体，在传播、弘扬传统文化教育过程中起着重要的作用。因此，在校园文化中融入传统文化，必将为高校传统文化教育的顺利实行做好坚实的文化后盾。

校园的建筑风格、布局样式等基础设施建设，归属于校园物质文化范畴，是校园文化体现最直观的部分。也就是说，我们还可以将传统文化的元素融入学校的基础设施建设当中，例如学校建筑、校园景观等，让传统文化元素在校园建筑风格上得到体现。首先，可以给学校教学楼、寝室等校园主体建筑添加一定的传统文化元素。例如，可以从众多教学楼里，选取一两个最具代表性的教学楼，通过外部装修或整体改建等方式，将其建成中式风格，使学生们可以从中国传统的建筑风格中感受传统文化的魅力；也可以把学生寝室的内部装修一番，使其内部富含中国传统风格，为传统文化爱好者提供可以详细观察和学习的场所。其次，可以调整校园的景观环境建设，通过合理布局建筑、植物、人文三方面的环境，为学生展现中国特有的"天人合一"的传统景观。比如竖立古代名人的塑像，像孔子、岳飞等；或者建造一些具有浓厚传统文化气息的设施，如亭子、长廊等；或者，建设园林景观，既为广大师生提供了休憩、怡情的场所，也为传播传统园林文化做出了贡献。最后，在学生密集的场所，如教学楼或寝室，可以在黑板或宣传栏上加入适量的与传统文化相关的名人事迹、名人名言。我们借助以上方式，将传统文化的元素融入校园的方方面面。

（二）开展与优秀传统文化相关的各项学生活动

国家教育部在 2014 年颁布的《完善中华优秀传统文化教育指导纲要》中明确提出："加强中华优秀传统文化校园教育活动。"校园活动不仅能够丰富学生的生活，还可以给学生提供展示自我的平台与结交朋友的机会，备受好评。在活动过程中，学生除了能够获得各种知识外，还可以培养自己的团队协作能力、锻炼自身的沟通交流水平，以及磨炼个人的意志。在这方面，大学生德育已经取得了明显的进步。例如，兰州大学学生合力编绘了"核心价值观 24 字手绘画册"；郑州大学组织

编写《共产党员理想信念论》《共话中国梦》等专著;四川大学利用校园网络宣传传播平台,播放学生们拍摄的关于践行社会主义核心价值观的视频作品。

高校传统文化教育也要充分利用校园活动,激发学生参与学习传统文化的动力。一方面,学校可以有效利用传统文化节日,通过举办相关纪念活动,让学生在活动过程中细致地了解传统节日的由来,积极地学习传统文化知识,从而更深层次地理解传统节日。另外,也可以邀请传统文化研究方面的专家和学者,在校开设国学讲座,让学生们能够学其所需,问其所惑。还可以举办传统文化演讲比赛、知识竞赛等活动,让学生在竞赛过程中感受并学习传统文化。另一方面,学校也可以定期举办各类与传统文化相关的文艺活动,如话剧、歌舞剧等。此外,也要适时带领学生参观一些知名的文化古迹、历史博物馆等场所,给学生提供切实感受传统文化魅力的机会。

第四章　校园文化与大学生德育创新

高校校园文化的建设是针对当今时代下的大学生进行思想政治教育。我们要明确校园文化建设的方向及其在思想政治教育中的功能,把握校园文化革新的机遇,为大学生思想政治教育的有效、高效、长效运作打下坚实的基础。此外,我们不仅要充分发挥高校校园文化的各方面功能,而且要积极探索校园文化建设的新思路,为营造良好的育人环境进行多方面的努力。本章探讨了校园文化与大学生德育创新,内容涵盖校园文化及其蕴含的德育功能、校园文化与大学生德育的互动关系及校园文化视域下大学生德育的创新路径。

第一节　校园文化及其蕴含的德育功能

一、校园文化概述

(一)校园文化的概念

从广义上讲,校园文化是一种亚文化。托尼·比彻说:"我认为尽管文化的概念在社会人类学中得到广泛的发展,广义的文化概念对于探讨高等教育领域中狭义的文化,仍然有重要的意义。"

在我国,"校园文化"最初是在1986年以区域性文化的形式提出的。同年4月,在上海交通大学举行第12届学生代表大会期间,竞选学生会主席的学生首次将校园文化建设作为旗帜,在学生中引起了极大反响。同年,华东师范大学举办了"校园文化建设项目"活动。上海交通大学、复旦大学、华东化工学院、华东师范大学等高校先后举办"文化艺术节"或"校园文化建设月"等活动,引起了校内外的强烈反响。随着校园文化建设的实践探索在全国不断推行与开展,继高校后,中小学也加入了校园文化探索实践的队伍。由此可见,最初提出的"校园文化"与校园的"文化活动"有异曲同工之处,但更倾向于校园精神的建设,主要着眼于校园文化德育的价值。

当学校师生如火如荼地开展校园文化的实践探索时,国内学术界的专家、学者也对此进行着密切的关注,并展开了深入的探讨。他们从方方面面对校园文化的含义做了各种各样的界定,其中具有代表性的有:

王北生、胡景州从"群体文化"的角度对"校园文化"进行定义,认为校园文化"指以学生为主体,以课外活动为主要内容,以校园为主要空间,以精神为主要特征的一种群体文化"。

杨建荣、谢金荣认为,狭义的校园文化是"指以学生为主体,教师为主导,在学校这个空间逐渐形成的文化形态"。[①]

秦绍德从广义的角度对"校园文化"进行定义,认为校园文化是校园内进行的教学、科研等实践活动及其创造的精神财富。[②]

陈万柏在《思想政治教育载体论》中指出:"广义的校园文化是指在校园这一特定空间里,师生员工依据学校的特殊条件,在教学、科研、管理、学习等活动中逐渐形成的校风校貌、校园精神、价值观念、行为规范、生活方式、人际关系等精神财富以及承载这些精神财富的物质形态的总和"。本书中论述的"校园文化"即基于此定义。

上述几个对"校园文化"含义的界定,都以其自身独有的角度校园文化的基本属性。这些定义虽然侧重点各不相同,但无一不为我们理解和把握校园文化带来了思想启迪。

本书所要研究的校园文化,特指高校校园文化。高校校园文化是指除大学课堂教学外的其他一切与师生有关的教育活动,是高校育人环境的综合体。它在广大师生的学习、工作和生活的过程中,直接或间接地影响着他们的思想、文化、道德和人际关系等方面。校园文化是一所高校不可替代的核心特征,是彰显该校学生思想观念区别性的重要标志。校园文化是一所学校的素质体现,不仅展现了该学校的建设发展程度,也彰显了学校成员的精神面貌、工作作风和理想追求,反映了学校教育管理的能力与水平。良好的校园文化,对建立和睦的师生关系、营造优良

---

①　杨建荣,谢金荣.高校校园文化浅议[J].云南师范大学学报,2002(4).

②　秦绍德.试论校园文化[J].高教研究,1998(4).

的校风学风、提升学生个人道德修养、推进学校健康稳步发展都具有重要的意义。

（二）校园文化的形态

校园文化是一个抽象的概念，它以学校师生的独特价值观念为基础，是物质与精神创造的结果及其过程。作为一种文化，可以把校园文化在形态结构上划分为校园物质文化、校园制度文化、校园精神文化和校园行为文化等基本形态。文化具有整体性，校园文化是作为一个整体来对校园主体产生影响的，这就表明，不同学校的校园文化会在性质与形态上存在差异，其对校园主体的影响和作用也会各有不同。

1.校园物质文化

校园物质文化，顾名思义，它是校园文化主体正在或已经作用于其上的一切物质对象，是人们通过感官可以感受的一切物质性对象的总和。这些看得见、摸得着的"文化"，包括校园自然环境、教学建筑、雕塑陈设、湖泊绿地等，是校园文化的外在表现。与制度文化、精神文化比较，物质文化是一个与"文明因素"（物质技术因素）密切联系的概念。我们可以将物质文化视为文化的物化形态，抑或是校园文化的靓丽外壳。物质文化既代表了学校物质文明建设的理论指导和最终成果，也代表了学校精神文明建设的承托载体和成效反馈。它作为诸多校园文化中最引人注目的外在表现，展现着整个校园文化历史发展积淀的时代特征、地域风格和民族样式，折射着校园主体的价值倾向和审美意向，是其他文化形态存在和发展的基础。

2.校园制度文化

制度，它在政治领域上意思为规模法度，后经过时间的推移，逐渐引申为各种礼俗法令的泛称，意思为众人共同遵守的行为准则。而所谓的校园制度文化，就是规范校园文化活动的各项行为准则。校园制度文化涵盖了我国社会基本制度、道德观念、法律法规的基础架构，是学校教育及其管理工作特点的集中体现，为学校教育管理的实现和职能的发挥提供了准确依据。成文的校园制度文化为教学、科研、生产和生活等方面做出了规范，为师生员工的在校表现提供了评判是非对错的标准。

3.校园精神文化

精神文化是人类在精神需求驱动下所形成的精神活动的方式及其对象化产品

的总和。校园精神文化是人类精神文化的分支,受到主体部分的影响和约束。通常来说,校园精神文化的核心是价值观,主要通过学校的文化传统、校风校纪、人际关系等方面映射出来。校园环境、校园成员的行为、校园组织制度都在一定程度上反映了校园精神文化;而校园精神文化又通过校园主体行为这个环节,影响着其他校园文化的建设。与物质文化相比,精神文化的内容和发挥其功用的方式均是精神的;而物质文化、制度文化、行为文化等等,实质上都是在以不同的形式体现人的思想和精神创造。精神文化是深层的、内在的,是人类文化的灵魂。

4.校园行为文化

大学校园的行为文化基于各种类型的大学活动。许多具有娱乐性和学术性的活动,例如教学活动、文体活动、公益活动和社会实践活动等,通过其精神状态、文化品位和行为习惯等外在表现,反映出大学校园文化各种形态的发展状况。大学校园作为中国特色社会主义先进文化的重要基地,包含了丰富的文化理念,借助校园文化活动,能够给大学生带来最真切的心理体验。因为大学校园物质文化、大学校园精神文化和大学校园制度文化是大学校园行为文化的重要支撑,同时大学校园行为文化也深受社会文化的影响,所以大学校园行为文化相对于其他文化,显得更加具体、更加开放,也更加多元。也正是因为这一特点,校园行为文化极易受到思想观念、工作方式、社会文化等因素变迁与发展的影响,不断地发生嬗变。

要做好大学校园行为文化的建设,一方面,我们要立足于社会发展对人才的需要,借助学校的资源优势,为社会源源不断地提供高端人才;另一方面,我们也要积极开展各项校园文化活动,以满足大学生自我发展的需求,促进师生双方的交流互动,让师生在实际交往中形成大学校园行为文化的基础。

二、校园文化蕴含的德育功能

校园文化集中展现了一所大学的精神和传统,是全校师生精神风貌的浓缩和概括,形成并营造了其特有的育人氛围。这种氛围是高校德育建设的助推剂,是高校德育教学的催化剂。学生处在这种积极向上且富有特色的校园文化中,会在潜移默化中接受文化的熏陶,既提升了学生的个人素质,又为德育的有效开展做足了准备。同时,学校以学生为本,让学生主动参与到校园文化建设工作中,将目的性较强的德育融入丰富多彩的校园文化生活中,寓教于乐,起到更好的教育效果。

（一）导向功能

校园文化作为社会主义先进文化的重要组成部分，是社会价值取向和主流文化的风向标，为大学生形成符合社会发展和时代要求的价值观贡献了巨大力量。在当今社会，多元化的价值取向已成为时代的趋势，而如何引导大学生树立正确的世界观、人生观、价值观成为大学生德育工作的当务之急。作为德育的重要载体，高校校园文化肩负着完成这一艰巨任务的重任。

当一所大学形成了校园文化，它将建立自己的具有发挥德育导向功能基础的价值体系和规范标准。校园人的思想和行为都受到周围环境，尤其是文化环境的影响。大学生生活在这种环境里，他们的所听、所观、所感，都传达着价值观信息。因此，在现实的学校环境里，可以将教育信息融入周围环境，无论是教室的装饰布局和自然景观的设计，还是文化活动的组织和规章制度的制定，都可以作为传播信息的媒介，对身处其中的师生进行信息的传递。当他们自身的价值观与校园文化主导的价值观产生矛盾时，他们会在校园文化的强势影响下，慢慢地接受校园文化的引导，并逐步将校园的共同价值观内化于自身，进而使其价值取向和行为取向与学校的价值取向相协调。《诗经·序言》中有"风以动之，教以化之"的说法，表明诗词也会在潜移默化中对人们产生教育熏陶影响。良好的校园文化如同诗歌一样"风以化人"，它将为大学生指明正确的方向，使大学生明确学习的目的、端正学习的态度，使他们积极地去适应当前社会的新要求。

1.价值导向

大学在形成的特定文化氛围之后，将在校园人的主观世界中建立相应的价值标准和行为准则。由于校园文化既是全体师生普遍认可的思维模式、价值取向和道德规范，又是校园内所有的教学科研、文化生活和其他活动围绕的价值标准，使得师生的价值观受到引导，在审美、情操、行为规范等方面受到不同程度的影响。具有高尚、向上的校园文化的高校，其师生必定具有积极的价值观念和生活态度，并能自觉摒弃不良的作风；而行事浮夸、校风散漫的高校，其师生很难具有良好的学风。

2.需求导向

作为社会文化的一部分，校园文化遵循某些社会规范和价值标准。它可以集中表现出主流文化的内涵和方向，能够甄别社会文化中的行为和现象，并通过物质环境、价值观念、行为准则等特定形式进行表达,从而使校园人从环境氛围中感受人们公认的或学校所提倡的价值观念、行为准则等,并逐步接受和认可它们。学校所倡导和引导的东西,一般会成为师生的关注焦点,并渐渐地成为师生的需求。

校园文化还包括文化角度的需求导向,像学校里的建筑设施和环境布局,还有学校的规章制度的规划设置等都不是机械死板、毫无审美情趣的,它们都是建立在这所大学独有的,蕴含着独特的审美情趣和丰富的教育理念的校园文化之上。我国绝大部分高校的校门、教学楼及校内人工湖等人文景观,都是由具有高雅艺术的内涵、身负渊博历史知识的艺术界泰斗设计建造的,不仅可以供人参观游览,而且能够引起共同文化背景下的人的强烈共鸣,如北大的"未名湖"。此外,高校的办学宗旨及章程,也表现出学校充满了家国天下的情怀,如山东大学的办学宗旨"为天下储人才,为国家图富强"就源自"公家设立学堂,是为天下储人才,非为诸生谋进取;诸生来堂肄业,是为国家图富强,非为一己利身家"。

(二)约束功能

高校文化的约束功能,具体体现在对身处校园环境的人在思想、心理和行为方面的约束。这种约束和规范并不是必须通过硬性的规章制度达到约束的目的,它更多的是基于文化氛围和共同价值观的软性约束。在校园文化的强烈影响下,个人会逐步在思想上产生共鸣,会不自觉或自觉地约束自己的行为,使行为达到学校的总体要求。

1.制度规范约束功能

高校校园文化的制度约束功能是所有师生在日常学习、工作、生活过程中,必须共同遵守的制度规范,是为了达到育人目的,确保教学与教育活动的正常开展[①]。校园制度文化通过极具强制性和规范性的规章制度,作为实现德育功能的强力保证,涵盖行政、教学、思想政治、日常行为等方面。正因为这些规章制度是硬性的、底线性的,以及其自身是客观存在的明文规定,使其在规范校园人的行为和品德上具有强效的执行力。一旦有高校校园人违反规定,他将面对具体而严格的惩戒措施。

---

① 刘薇.高校校园文化建设与思想政治教育互动研究[D].沈阳:辽宁大学,2012.

2.舆论导向约束功能

校园舆论是指局限于校园范围内的,对某一事件或问题的所有观点的总和,是一种校园思潮,并具有些许权威性的无形约束性。校园舆论的宣传媒体包括较为传统的报纸、广播、宣传栏,以及现代化的微博、微信之类的新媒体,它们在发布校园信息和舆论指导领域中发挥了非常重要的作用。校园主体借助宣传媒体,对某些社会事件或校园事件进行报道并予以评价,使校园价值观和评判标准在总体上趋于一致,并在校园特定的文化环境的推动下,形成极为强大的舆论。在这种舆论环境下,校园人在意见上逐渐达成共识,尤其是规章制度尚未涉及的区域,舆论起到了和政策规定比肩的指导和监督作用。就拿大学生"占座"这一常见问题举例,现在并没有针对大学生占座方面的规章制度,正因为没有制度的约束,占座带来的问题愈发严重,就连有行为道德规范的自习室和图书馆也难逃毒手。在这种情况下,就需要通过校园舆论进行规范和监督,如学生通过分析和讨论而约定俗成的一些文明占座的舆论,如"占座后不应长时间不到""不该帮他人占座""不应一人占用多个座位"等,形成强大的舆论导向和监督作用。在这样的舆论作用下,即便有人想违反这种不成文的规定,也会因周围人不满的眼光而放弃行动,达到约束作用。随着时代的进步和社会文明的不断提升,大学生的自我意识也在向更高、更好的方向发展,他们也因此更加重视个人的外在形象和社会评价,这无疑强化了舆论导向的约束功能。

3.道德倾向约束功能

道德是一种社会意识形态,是人们共同遵守的准则与规范。一个人若想在社会中得以生存和发展,除了要具备过硬的技术和敏捷的思维外,还要具备遵守社会或集体所公认的、提倡的行为准则的意识,只有这样,才能受到社会其他成员的认可,实现自身的价值。

从马克思主义伦理学的角度来看,道德约束的实质是如何盾待个人利益和集体利益的关系。接受道德约束的人,意味着他要为集体利益付出,甚至需要牺牲自身的利益;相反的,拒绝服从道德约束的人,则注定会为个人利益的需求去侵害集体利益或他人利益。这也就表明,道德倾向也有一定的约束作用,并且这种约束作用是制度约束的补充和完善。在高校的校园文化环境里,所有校园人都需要维持并提升个人的道德水平,形成良好的思想道德品质,将道德规范内化于心、外化于行,以此在道德层面上保障全体成员的个人利益,并培养出适应社会标准和需求的高学历人才。校园文化中含有高尚的品德、高雅的志趣的成分,在其引导下,校园人的道德倾向会发生变化,也会受到约束。

4.思维模式约束功能

所谓的思维模式约束,是指在高校校园环境中,具有思维的个体受到校园文化对思维模式的引导作用,使校园人思考问题的方式发生改变,以此产生约束作用的约束方式。这种思维模式具有群体性特征,一旦它在一个群体中趋于稳定,就会固定下来,并持续影响着这一群体。在大学校园,校园文化以渐变的方式对全体师生产生思维模式约束,使校园群体思考问题的方式逐渐趋于统一。

第二节　校园文化与大学生德育的互动关系

一、校园文化建设与大学生德育的互动关系

校园文化从管理理论角度与学校的德育工作是两个不同的范畴,但在社会主义精神文明建设的战略布局中,两者既有差异,又有紧密的联系,在本质上具有显著的内在一致性。它们客观地存在于高等院校共同体中,共同承担了人才非智力因素的培养任务,解决了青年大学生如何做人的哲学问题。

(一)校园文化建设与大学生德育的同质性

"同质性"是指两种以上的事物具有相同的属性。高校校园文化建设与德育在目标任务、工作对象、引导效果、研究领域等方面具有相似或相近的内容和特征,表现出"同质性",而它恰恰是高校校园文化建设与德育互动的思想起点和理论基础。

1.目标任务的同质性

文化是特定历史条件下的时代精神的集中体现,而德育工作的重心就是要使每个人有意识地理解和掌握时代精神。从这个意义上讲,道德教育是一种有意识、有目的、高水平的文化实践活动。校园文化发展的最终目标是促进校园人(主要是年轻大学生)的个性丰富,实现人的全面发展,并培养优秀的人才。德育的最高宗旨是提高人们的思想道德素质和文化素质,培养健康完善的人格,促进人们的全面

发展。从这个意义上说,德育工作的目标和任务与校园文化发展是一致的,都是在努力使人们的热情和创造力最大化,从而促进人的全面发展。

2.工作对象的同质性

德育和校园文化建设的共同目标,都强调要调动人的积极性和创造性,从而促进人的全面发展。德育工作着力研究人的思想政治品德的形成和变化规律;而校园文化建设则侧重"以人为本",强调"人本化"原则。这两者都以"人"为工作对象,以"人心"为工作主旨,在工作对象上具有同质性。

3.引导效果的同质性

虽然高校校园文化建设与德育在人才教育与培养的方式上存在差异,但它们都以引导大学生学会用正确的眼光看待现象、用合理的方式处理事物,作为教育目标和任务,从而帮助大学生建立正确的世界观、人生观和价值观。同时,不论校园文化建设和德育哪一方取得了成效,都能对大学生综合素质的提高起到积极作用,促进高校和谐校园的构建。

4.研究领域的同质性

校园文化建设和德育工作的研究领域同属于意识形态范畴,但在具体内容上却存在较大的不同。德育工作是研究如何利用马克思主义理论体系来改变人们的世界观、生活观和价值观,以期建立适应中国特色社会主义发展的道德规范和思想境界。校园文化是研究如何根据人类意识形态的认知规律,使校园物质文化、精神文化和制度文化形成观念,并将其内化到思想观念中,从而形成广大师生都接受认同的具有本校特点的共同价值观念、文化观念以及生活观念。

(二)校园文化建设与大学生德育的差异性

虽说高校校园文化建设与德育有着上述几方面的同质性,但它们并不是完全意义上的等价,在所属范畴、适用范围和作用方式上各有不同。用校园文化建设替代德育,将德育娱乐化;或是用德育取代校园文化建设,忽视校园文化建设的存在,都是错误的做法,这两者不可互相替代。

1.所属范畴存在差异

校园文化建设和德育工作是两个不同的概念,它们有着各自的所属范畴。德育工作属于政治范畴,它是一切工作的"生命线",是党领导下的提高人的思想政治素质的实践活动,是我党多年来总结出来的政治优势;校园文化属于管理范畴,它是直接或间接对教育、教学以及师生员工的行为进行指导和规范的管理理论与方法。

2.适用范围存在差异

德育是根据党的号召,经过各级组织的审批和认可后,对广大师生进行及思想、道德、政治等方面教育的社会实践活动。它具有鲜明的阶级性和深刻的思想性。

校园文化是高校特有的物质环境、精神环境、文化环境的总和。由于它特殊的构成模式,其发展、变化通常不以人的意志为转移,但会受到校园环境和社会环境两方面的影响与冲击。

3.作用方式存在差异

德育是党和国家为了培育人才而进行的教育,为了使受教育人的道德修养、政治观点和思想方法等方面朝向教育人所期望的方向发展,必须要有相对规范、系统的教学过程,以及明确的目的和计划,这就使得德育的原则、方针和内容等都有较强的规定性。

高校校园文化的建设则不同,因其没有规章式的规范制度,使其在发展过程中,不可避免地受到国内外社会文化环境的直接影响,其行动方式也经常随着社会和文化环境的变化而变化。

(三)校园文化建设与大学生德育的融合与转化

校园文化建设与道德教育在校园中共存、相互独立、相互联系、相互制约、相互促进。正确认识和处理二者的辩证关系,有意识地对两者的工作内容进行融合、工作效果进行转化,促进校园文化建设与德育相互成长、协调发展,为高等教育培养人才的目标提供强大的推动作用。

1.工作内容的相互融合

一方面,校园文化是学校精神、传统和作风的综合体现,它营造出的这种育人环境为思想政治教育工作带来了极大的推动力。在优秀的校园文化熏陶下,学生会更轻易地接受德育的内容和要求。相对的,如果学校的德育工作能够稳步地开展,会使大学生更好地认同社会主流文化和主导文化,给营造良好的校园文化氛围和精神环境打下有利条件。

另一方面,校园文化建设能够将相对枯燥的德育内容渗透到生动活泼、形式多样的活动中,寓教于乐,达成德育教育的目的。同时,高校校园活动以其丰富多彩的活动形式,为广大学生提供了多样化的选择,学生可以根据自身的兴趣爱好和性格特点参与活动这既为学生提供了锻炼与提高自己政治思想素质的机会,也通过校园文化活动弥补了传统思想政治教育方式的不足。

2.工作效果的相互转化

一方面,如果高校校园文化建设取得显著成效,就会产生自尊自爱、健康向上、融洽和谐的校园环境,在这种氛围中,受教育者更愿意自主接受真理,德育的内容和要求就能够最大程度地被接受。而校园文化活动如果在内容上做到统一、方法上更加灵活,也可以极大地缩短师生之间的距离,为改进和加强德育提供条件和手段。

另一方面,当校园文化建设与德育的任何一方出现问题时,将会削弱甚至阻碍另一方的发展。譬如,当校园文化建设受阻时,思想教育会难以达到预期效果。同样,当德育软弱无力时,教育对象往往很难判别是非。

二、校园文化建设与大学生德育互动的基本要素

高校校园文化建设与德育互动的基本过程,指的是具备互动活动得以成立的基本要素的过程。这些基本要素主要有如下几个方面。

(一)"双主体"意识下互动的主客体

这里的主体是指在一定的社会关系中参与大学校园文化建设与德育互动实践和认识活动的人,是互动过程中的主导因素,是互动过程的发起者、组织者和承担者。此外,他们还具有自然性、社会性和意识性。客体是主体校园文化建设与德育互动活动所指向的所有对象,是互动过程中处于从属和被动地位的因素。

校园文化建设与德育的互动,其最重要的活动主体是教师和学校领导,同时也包括大多数青年大学生。他们的素质和有机组成直接决定了校园文化建设与德育互动的本质和水平,是互动工作的直接动力。长期以来,我国的高等教育界一直将教师和学校领导视为互动的绝对主体,而将工作对象(即青年大学生)视为绝对客体,客体必须严格服从于主体。其结果是高校人才培养如同流水线,极其单调、死板;而高校校园文化建设和德育工作如同行政办公,刻板而不知变通。因此,高校

校园文化建设与德育互动机制必须树立"双主体"意识,突破传统的校园文化建设或德育的主客体模式,摒弃单一主体与客体机械化的观念与做法,将工作对象真正视为同教育者一样具有实践和认识活动能力的主体,实现"双主体"模式的互动。

必须清醒地意识到,主客体角色的相互转换和矛盾统一是校园文化建设与德育互动的重要基础。要建立动态的互动机制,我们必须树立"主客体同一性"和"主体可逆性"的意识,将互动的主体和客体视为可以转化的动态概念,唤醒互动客体的主体意识,增强自我教育意识,营造教学相长、共进双赢的氛围。在工作中,要注重发挥互动客体的主观能动性,引导他们从被动变主动,即从客体向主体,从而确保互动目标的顺利实现。

(二)"制度—资源—行为"三维一体的互动内容

校园文化与德育的互动必须要划定出明确的方向,规划好互动的"内容区域",只有在保证这个前提下,"互动"才具有实效性,不至于沦为空洞的说辞。但是,这个"内容区域"并不是校园文化与德育各自内容的简单交集,也不应作为抽象的存在,而是一个可辨别的、能操作的具体指向。纵观当前我国高等教育的发展趋势和社会经济文化的发展趋势,校园文化与德育互动的内容平台应确定为"制度—资源—行为"三个方面。实际上,从校园文化与德育互相"作用"的历史上看,两者之间的交叉耦合也是在这三个维度内进行的。具体而言,所谓"制度互动"是指"制度之间发生的因任务和行动所致的无意识后果或者包含在制度设计里的有意识关联"。针对本书的研究命题,它指的是由于"育人"任务和行动导致的无意识后果,或包含在我国高等教育制度设计里的有意识关联;资源互动是指校园文化建设与德育其各自所拥有的人力、物力、财力等资源在互动过程中进行传递、共享及整合的过程;行为互动是一个相对微观的层面,是指校园文化建设与德育在各自的工作中因手段和方式、载体和通道以及相关的具体实践活动所出现的关联和交叉。

(三)不断丰富与发展的互动载体

校园文化与德育工作应科学地把握互动规律,正确理解互动形式,恰当选择和创造互动载体。这里所说的载体是指一种可以携带和传递知识、信息和其他教育因素的工具,既是高校校园文化建设与德育互动的平台,又是实现校园文化与德育互动的中介。在互动工作明确了目标与要求、确定了内容与任务后,能否恰当、科学地选择、构建和使用互动载体往往是德育工作成败的另一个关键因素。像毛泽东所指出的那样:"不解决桥和船的问题,过河就是一句空话。"

近年来,高校校园文化建设与德育互动与合作的载体在实践中不断丰富和发展。笔者认为,从目前的情况看,影响较大的主要有四种类型的互动载体,即管理载体、传媒载体、实践载体和课程载体。

三、校园文化建设与大学生德育互动的经验总结

自中华人民共和国成立以来,特别是改革开放之后,已进行了多次高校校园文化建设与德育相互促进发展的实践,虽然尚未形成成熟的理论体系,但却可以提供大量的经验和教训。通过细致的分析和科学的总结,有助于提升互动观念,推动互动实践,提高我国高校的育人水平。我国高校校园文化建设与德育相互作用的历史经验可以归纳为如下几个方面。

(一)高校育人水平的提升需要校园文化建设与大学生德育两相促进

在高校人才培养过程中,校园文化的熏陶教化、德育的价值导向起着与课程教学同等重要的作用,是提高高校人才综合素质的重要环节。这就要求在大学人才培养的整个过程中,坚持把校园文化建设和学生思想教育工作摆在重要位置。然而,多年的教育实践证明,过分强调德育的意识形态或校园文化的柔性约束与激励,而忽视两者在工作中的实际融合,不仅浪费了高等教育资源,还拖后了高校育人的水平和质量。必须时刻保持这样的意识:校园文化建设和德育工作在学校中重叠的部分,虽然不能相互取替,但可以有机结合。优秀成熟的校园文化可以在德育教育中发挥良好的作用,而强有力的德育工作是校园文化建设的基础和保障。校园文化建设与德育工作相辅相成,相互促进,相得益彰。理清并正确处理两者之间的辩证关系,有针对性地分别实施指导和加强建设、扬长避短,将使高校校园文化建设与高校德育相互促进、健康发展,进而为高等教育人才培养目标方面发挥巨大作用。

(二)校园文化建设与大学生德育的互动与融合需要良好的内外部环境

自中华人民共和国成立,我国高等教育就开始了漫长而曲折的探索历程。高等教育展现出蓬勃生机的几个时间段,也正值我国政治形势稳定、经济发展良好的时期,如中华人民共和国成立初期、全面开展社会主义建设时期的个别年份以及改革开放之后的40多年。在这些时间段里,由于外部环境相对良好,不需要花费精

力搞政治运动和政治斗争,各高校可以集中精力培养人才、革新教学模式。在这样的外部环境下,高校可以集中力量提高人才培养的质量,并实现校园文化建设和德育的育人功能。也正是在这种外部环境条件下,广大高等教育工作者逐渐发现了校园文化建设与德育之间的内在联系,并将其应用于实践工作当中。

(三)校园文化建设与大学生德育的互动需要有意识的引导

中华人民共和国成立后的各个时期,我国的高校都高度重视校园文化建设和德育。但是,在具体实践中,这两个联系密切的工作仅在为数不多的情况下发生带有"火花"的碰撞。最初,校园文化建设只是为了便于开展党团活动,而德育也只把社会实践和党的活动作为大学生德育的重要环节。改革开放后,校园文化建设与德育可以相互促进发展的理念逐渐得到重视和认可,一些高校尝试将德育的内容与校园文化活动的形式进行结合,并取得了一定的成果。但总的来说,我们尚未对校园文化建设和德育的自发互动产生强烈的探索意识,缺乏干劲和动力。到现在,在实践层面上,我国高校的校园文化建设与德育仍旧是一个相对松散的联系,促进机制尚未形成。由此可见,仅凭校园文化建设和德育的自发作用很难实现高质量的互动。这就需要各级高等教育行政管理部门和高校党委的有意识引导,重视舆论氛围的营造,"普及"校园文化建设与德育互动发展的理念和意识。必要时可以采取一些"硬性约束"措施,"强制"校园文化建设与德育走上互动的轨道。

(四)合理对接的平台是校园文化建设与大学生德育互动的关键

校园文化建设与德育不仅具有相同的目标,在工作内容、实行方法以及运行机制上也有着诸多"耦合"之处。但多年来,这两项工作仍未实现合理对接,其关键性的制约因素是缺乏有效的平台。在 1950 年前后,校园文化建设和德育借助党团活动和社会实践这一中间平台,进行了初步的探索性活动,并获得了良好的成效。改革开放之后,校园文化建设与德育得以正常"交往",其对接的平台依然主要是党团活动和社会实践。正是这样一个平台,使校园文化建设与德育在实践上保持着血脉联系;一旦平台缺失,校园文化建设与德育之间的互动发展将失去一个重要的依托。因此,我们要重视这一历史经验,通过合理选择和设计校园文化建设与德育相互作用的平台,实现校园文化建设与德育的有效对接。所以,未来的重要工作就是要加强平台建设,为校园文化建设与德育的互动提供优质载体和强力保障。但是我国现有的互动平台品种单一,在一定程度上限制着校园文化建设与德育的深入互动。对此,我们不能仅将视线集中在党团活动和社会实践的身上,还要开拓视野,在管理载体、传媒载体、基地载体等方面寻找校园文化建设与德育互动的有效媒介。若能实现多平台对接,校园文化建设与德育的互动必将呈现新的生机与活力。

(五)在校园文化建设与大学生德育的互动过程中,要加强党的领导,形成齐抓共管的格局

高校校园文化建设与德育互动是一项系统工程,需要各部门合理分工、协调合作。实践证明,坚持加强对校园文化建设与德育互动的领导和引导,形成学校党政领导、各有关部门齐抓共建的工作格局,是校园文化建设与德育真正形成合力的重要组织保证。第一,必须正确认识学校领导者在校园文化建设与思想和政治教育互动过程中的重要作用。他们作为校园师生的成员之一,既是校园文化建设与德育互动方案的主要设计者,又是校园文化建设与德育互动过程的积极参与者,他们在整个互动过程中发挥着不可替代的引导和推动作用。校园领导者要加强其领导水平和引导能力,推动校园文化建设与德育的互动,积极引入新的思想、新的观念和新的方法,这不仅是校园文化建设和德育自身的需要,也是高校育人模式改革创新的强大推动力。学校领导作为校园文化建设与德育互动的设计师,需要加强对两者互动的领导和引导,并不是要达到事无巨细、面面俱到的程度,做到在思想上的领导就足够了。第二,要认识到党委重视校园文化建设与德育的重要性,坚持党委领导、党政工团齐抓共管,保证校园文化建设与德育互动的社会主义方向。同时也要注意,坚持党的领导要克服"本本主义"的思想,要针对高等教育的发展实际对校园文化建设与德育的相互作用进行引导,既要保持在政治上的坚定性,也要注重实行上的灵活性,勇于突破多年形成的条条框框,为校园文化建设与德育互动这项创新性工作开辟出一条新路。

(六)校园文化建设与大学生德育的良性互动需要一定的制度保障

多年的高等教育实践总结出的经验表明,好的制度设计是推动校园文化建设与德育互动的保障性因素。广大高等教育工作者经过数十年的教育工作,切身体会到组织制度的重要性。如果没有组织制度作为硬性约束,校园文化建设与德育的相互作用就会面临动力不足,或是出现利益协调的冲突,使深入互动难以顺利开展。只有完善校园文化建设与德育的相关制度,甚至专门为两者间的相互作用制

定具体的制度保障措施,才能真正发挥高校校园文化建设与德育良性互动的积极影响和作用。规章制度作为一种外在的行为规范,既是校园文化与德育创新的重要内容,也是推进二者协调发展的不竭动力,更是推动校园文化建设与德育互动不容忽视的重要工作。就目前的情况,我们在制度的设计和后续补足方面仍有诸多问题,这在很大程度上阻碍了校园文化建设与德育互动的有效性。针对这一现况,我们要牢记历史的教训,抓紧、抓好相关制度的建设,用合理完善的制度去理顺校园文化建设与德育之间的关系,以此保障人、财、物的合理分配和调度,进而推动校园文化建设与德育的全面、深入互动。

第三节　校园文化视域下大学生德育的创新路径

一、校园文化视域下大学生德育创新的基本原则

校园文化建设创新德育不是没有目的的,也不是不具备条件的。在建设过程中,只有坚持一定的原则,才能确保校园文化建设创新德育路径方向的正确性。

(一)坚持立足校园文化特色与先进文化发展方向相结合

要在校园文化建设中保证创新德育的正确方向,必须坚持校园文化特色与先进文化发展方向相结合的原则。对教师和学生而言,他们同时在学校和社会的双重环境中生活,校园文化是他们每天生活的重要内容。一方面,大学生作为校园文化的接受者和实施者,在学校中与老师和同学相处,感受校园中的文化氛围;另一方面,大学生在与家人、亲戚朋友及社会上其他人相处的过程中,也会受到社会文化直接或间接的影响。在此基础上,校园文化建设既要注重校园文化自身特色的保持,也要重视与先进文化发展方向相结合。

首先,要保持与先进文化发展方向相结合。发展先进文化,就是要用科学的理论武装人,用正确的舆论引导人,用高尚的精神和情操塑造人,从而达到培养全面发展的人的目的。先进文化反映了人类社会发展的基本趋势和基本规律,代表了人民群众的根本利益,既是人类文明进步的结晶,也是推动人类先进生产力发展和社会全面进步的精神动力。先进文化继承和发展优秀传统文化,吸纳世界文化精

华,在庆祝建党 80 周年大会上,江泽民同志在讲话中指出:"在当代中国,发展先进文化,就是发展有中国特色社会主义的文化,就是建设社会主义精神文明。"校园文化建设必须以先进文化为指引,将先进文化的发展方向体现出来,同时,加强不同文化间的交流和合作,积极吸收各种文化的优秀元素,创新校园文化建设。在当代中国,先进文化的精神内核是共产主义理想和中国特色社会主义的信念,因此,在以先进文化为指导的校园文化建设中,必须把培养学生坚定正确的政治方向放在首位,坚持马克思列宁主义、毛泽东思想、中国特色社会主义理论占据一切阵地,将代表中国先进文化前进方向的崇高价值观牢固树立起来。根据社会不断发展的需要培养人才是教育的根本目的。从根本上来说,这一目标与先进文化建设目标在校园文化范畴内是一致的。无论是从教育的方向,还是从文化的先进性来看,校园文化都必然服务于人才的科学素质和人文素质的提升。总之,先进文化为校园文化指明了发展方向,提供了良好的环境和发展动力。校园文化作为先进文化的一部分,丰富和促进了先进文化的发展。

其次,保持校园文化建设的特色。每一所大学都因其传统、地域和发展机遇的不同而各具特色。因此,在校园文化建设中要保持校园文化自身的特色。例如,在校园文化建设中,北京大学注重渗透"思想自由,兼容并包"的理念,清华大学强调继承"自强不息,厚德载物"的精神,中山大学从"中大精神大讨论"入手将发展思路统一起来,东南大学十分重视学生社团活动,等等。可以看出,各个大学在校园文化建设过程中,注重从实际出发,结合自身的实际情况量力而为,进行科学合理的规划。首先,校园文化建设的实施与进行应与学校整体办学方向和培养目标相结合,只有从实际出发,基于学校的相关背景,才能推动建设的顺利进行与学生的成才;其次,校园文化建设要与学校专业设置、师资配置、课程设置相结合,尤其要注重建设的实效性,注重地方需求,以适应学生的个性发展。每个大学都具备自身的特殊性,其发展历史和地域环境都是独特的,故各个学校在校园文化的内部规划和建设内容上应该展现自身的个性。校园文化建设必须充分挖掘和宣传各高校自身的特色,这是校园文化建设中一个非常重要的方面。

(二)坚持教书与育人相结合

在传统大学教育中,"教书"与"育人"分离的现象普遍存在,为了校园文化建设创新大学生德育目标的实现,必须将教书与育人两者结合起来。教育是校园文化的主要特征,德育则位于校园文化的首要位置。要坚持将教育与自我教育结合起来,在充分发挥教师和党团组织教育引导作用的同时,更要充分调动大学生的积极性和主动性。

教育从根本上说是一个人文的过程,大学教育实质上是文化育人,是有目的的文化过程。作为大学生成才的主要环境的重要组成部分,校园文化在大学生成长过程中的重要性日益凸显。随着市场经济的发展,社会对人才的要求与标准也发生了相应的改变,社会除了需要具备必要的专业知识和实践能力的人才外,还需要具备沟通、娱乐、审美、创作等方面综合素养和实践能力的人才。然而,这些只能逐步在长期的课内外锻炼中获得,而很少能从传统和正统的教育中得到。因此,校园文化建设是全面贯彻党的教育方针,培养社会主义建设人才的需要,在重视知识教育的同时,学校教育工作者和管理者要抓住机遇,加强校园文化建设,丰富文化活动内容,寓教于乐,不断优化教育环境,使我们的校园既能成为学生学习的地方,又能成为学生陶冶情操、获得能力的乐园。社会主义精神文明建设是一项任务艰巨、规模宏大的社会系统工程。从学校的角度出发,培养社会主义新人既是光荣的使命,也是全面贯彻党的教育方针的一项战略任务。因此,另一个校园文化建设的价值体现在:通过优良校园文化的建设,营造积极向上的校园氛围,然后通过人才的不断培养和输送,把学校文明辐射至全社会,从而促进社会主义精神文明建设。

(三)坚持继承优良传统与改进创新相结合

要维持校园文化创新德育的活力,就必须坚持、贯彻继承优良传统与改进创新相结合的原则。我们既要继承和发扬中华民族的优秀文化传统,发掘学校的传统和精神,又要立足现实,面向未来,抓住机遇,开拓创新。在新形势下,继承党的思想政治工作的优良传统,积极探索校园文化建设创新大学生德育的新途径与新方法,努力体现时代性,把握规律性,增强实效性,丰富社会创造力。继承传统与开拓创新是不可分割的两个方面。传统是基础,继承是前提,创新是动力。人类社会的历史证明,继承和创新是人类文明发展的必要基础和条件。但是,继承和借鉴仅仅是手段,仅靠它们是远远不够的,创新才是继承和借鉴的最终目的,才是促进人类文明发展的强大动力。

校园文化建设大学生德育方式与方法的继承与借鉴也是很有必要的,只有通过继承和借鉴,各种方法才能以此为基础进行创新。江泽民曾指出:"我们的思想政治工作在继承和发扬优良传统的基础上,必须在内容、形式、方法、手段、机制等方面努力进行创新和改进,特别要在增强时代感,加强针对性、实效性、主动性上下功夫。这要成为今后加强和改进思想政治工作的重点。"

传统德育会导致价值取向的片面性,教育主体的单一性,教育内容的狭窄性,教育方式缺乏时代感和针对性。毫无疑问,这些会影响对现实问题的解读,面对这些问题,校园文化必须努力探索新的德育方法,现实社会需要传统德育方法的创新。德育方法创新是国际、国内形势发展的客观需要,也是德育规律的根本要求。在大学生德育过程中,我们应对其身心特点和思想状况进行全面的掌握,在此基础上,根据每位学生的不同特点,对其采取不同的教育方法。只有这样,才能达到转变人们的思想,调动他们的积极性、主动性、创造性,并为社会主义现代化建设服务的目的。

校园文化创新大学生德育的优势。校园文化有利于提高德育的针对性与实效性,有利于优化德育的环境。总的来说,在大学生德育的创新过程中,应注重对传统德育精华的吸收,充分发挥大学校园这一文化载体的作用,并结合校园文化创新大学生德育的优点,把德育的创新与继承结合起来。

二、校园文化视域下大学生德育创新的策略

(一)确立隐性教育与显性教育相结合的校园文化建设思路

根据大学教育对大学生的影响方式,校园文化教育方式可以分为显性教育和隐性教育两种类型。因此,我们可以从这两种教育方式入手,探索校园文化创新大学生德育的思路。校园文化是显性教育与隐性教育的有效呈现,忽视任何一方都不能取得好的效果,在加强校园文化建设过程中,我们应结合校园文化显性教育与隐性教育的建设思路,积极探索校园文化建设创新大学生德育的适当路径。

所谓校园文化显性教育,主要是指使受教育者自觉地受到有意识、直接、显性的教育活动影响的一种有形的教育方式,其特点和优势是目标明确、教育效果明显。在加强校园文化建设的过程中,校园文化显性教育功能具有十分重要的作用,因此,要重视校园文化的显性教育功能的发挥。"学生要想在价值领域取得进步,学校必须向他们传授一定的价值内容……不牢固地吸收各种论点和观点,学生就没有适当的基础来发展他们的价值观"。[①] 校园文化显性教育的主要形式有大学物质文化、大学制度文化和大学行为文化,它们体现了学校价值目标与审美意向的物态文化,能够调节情绪、控制行为、陶冶情操、启迪智慧,对大学生的道德教育有着直接的影响。

---

① 田蜜.论大学校园文化的建设模式与路径选择[J].青春岁月,2010(20).

所谓校园文化隐性教育,是指根据一定的教育目的和要求,通过潜在的教育性因素间接地对教育对象的思想和个性产生渗透塑造性影响的手段和方式。在教育过程中,校园文化隐性教育这种教育方法主要运用隐蔽的方式进行教育,并巧妙地使教育对象掌握和理解一定的思想意识和伦理道德观念,然后内化为自己的观念,使之成为指导和规范日常言行的内在评价标准。可以看出,在校园文化建设过程中,必须注重文化的隐性教育功能,发挥其在建设过程中的作用,为大学生德育营造良好的文化氛围。大学精神文化在校园文化隐性教育建设中具有根本性作用,但物质文化、制度文化和行为文化的显性教育功能也不容忽视。

在大学生自我意识日趋增强和主体性呼声不断高涨的背景下,大学生显性德育面临理论与实践相分离、学生参与意识弱化、务实心理增强等严峻挑战。同时,随着对大学生道德教育理论和规律的深入研究,例如,主体性理论的发展、生活世界教育理念的应用、文化教育理念的应用等,新形势下大学生德育的加强看到了希望和可能。故在大学生德育过程中,探索恰当的方法是很有必要的,同时还要注重显性和隐性教育的作用,将二者结合起来,促进大学生德育的发展。举办丰富多彩,且贴近学生思想、生活及学习的校园文化活动,吸引大学生参与其中,使其在活动中选择方向、领悟人生、感受生活。

1.强化校园文化张力,提高大学生自主选择能力

从文化的角度出发,教育是一个使人文化化的过程。一定的文化张力客观存在于校园文化建设过程中。文化张力主要是指校园文化的扩张力及发展的动力。一方面,校园文化一经形成,就会影响和作用于高校的老师及学生;而另一方面,通过师生的校园及实践活动,校园文化才得以形成。这种内在矛盾构成了校园文化的矛盾,只有加强文化张力,对学生的自主性给予尊重,这一矛盾才能得到解决。一定程度上,校园文化制约着大学生的行为,同时,大学生在某种程度上来讲又是校园文化的创造者。此外,面对校园文化的熏陶及影响,大学生往往经过思考,有选择性地对其进行接受,他们甚至试图从校园文化的束缚中脱离出来,想要接受新的文化,并采用新的行为方式。当前,多元文化环境对大学生的影响凸显,传统文化、西方文化和宗教文化在大学校园中交织激荡,高雅文化与庸俗文化在校园中同时并存,阻碍了校园文化的发展。因此,强化大学校园文化的张力,扩大校园文化的影响力迫在眉睫。

我们认为,必须将校园文化的显性和隐性教育资源充分挖掘出来,进一步增强校园文化的张力。在学校教育开展的过程中,教育者应对大学生施加相应的文化

影响,进而发挥校园文化对大学生的熏陶作用,使大学生获得个性发展和自我超越的能力。首先,要注重校园文化显性教育资源的育人功能。比如,重视"思想政治理论课"教学,开展建筑、图书资料、教学科研设备、多媒体教室和实验室、文体设施以及校园网等教育教学硬件设施建设。其次,要重视校训、校风、班级氛围、网络文化等校园文化隐性教育资源的育人功能。要提高德育工作的实效性,仅靠外力是远远不够的,更重要的是将其转化为大学生的内在意识来实现。当前,多元文化交织激荡,大学生面临的价值选择也不断增多,同时,大学生主体意识日趋增强,强制性的思想灌输已很难取得好的效果,大学生的德育工作的进行举步维艰。因此,必须在校园中发挥校园文化的隐性教育功能,引导学生提高自主选择的能力,使他们自觉独立地接受校园文化的影响。综上所述,要将校园文化隐性教育与显性教育结合起来,增强校园文化张力,培养大学生主动接受校园文化的能力。

2. 增强校园文化渗透力,面向大学生生活世界

校园文化的渗透主要体现在大学理念对广大大学生的影响。在大学长期的发展过程中,大学理念或大学精神得以形成,且其一经形成,就在不自觉中对师生的行为产生着影响并为人们了解和信服。即使没有外部的约束,人们也能自觉遵循大学规范,这就是校园文化渗透力的表现。校园文化在育人过程中起着特殊的教育者作用,它在潜移默化中对学生施加影响,既陶冶了学生的情操,也使学生的心灵得到了净化。在校园文化建设过程中,不仅要对大学生传授知识,还要向学生渗透人文精神。

大学德育与生活的分离是人们关注的焦点,总之,道德教育脱离了大学生的生活需要。脱离了大学生生活实际,很难达到预期的效文化德果。因此,现代大学教育强调教育必须面向生活世界,并与其紧密结合起来。根据目前的形势,只有将校园文化建设渗透到大学生实际生活的各方面,校园文化的实效性才能得到提升。在建设大学物质文化、精神文化、制度文化、行为文化的进程中,必须体现大学理念,并将其贯穿校园生活的方方面面,渗透到大学生的意识中,特别要注重图书馆、教室、宿舍等大学生经常性生活场所的建设,并广泛开展青年志愿者、社会实践、"三下乡"、第二课堂活动等社会实践活动,使学生通过这些社会活动,对社会有进一步的了解,认清社会的本来面貌,从而进一步学会如何参与社会生活的改革创新活动,真正做到校园文化贴近大学生生活与现实,满足大学生的文化需求。总的来说,要把大学各种具象的物质或者抽象的审美活动作为载体,通过受教育者的心灵感悟、情感体验和积极实践,培养学生人文素养,感悟校园文化真谛。

3.扩大校园文化影响力,培育大学生参与意识

校园文化是广大师生在长期的生活实践中产生和发展起来的,没有大学生参与的校园文化是无法想象的。应当广泛开展校园文化教育活动,充分挖掘校园文化显性和隐性教育功能,倡导大学生广泛参与,进而拓展校园文化的内涵,扩大其影响力。作为校园文化建设的主体,大学生的参与意识和参与能力应进一步提高,通过参与校园文化的建设,让他们领悟到竞争、妥协、合作、公正等公共精神,使其自觉接受规则和制度的约束。学校各职能部门以及其与各类社团的长期互动,扩大学生会等组织的自主权,让学生会自由工作,建立校园网络论坛等学生与学校沟通交流的长效机制。建立和完善各种交流平台的运行模式和有效的激励机制,充分发挥其创新、服务的功能。

(二)探寻校园文化建设中大学生德育的具体创新路径

在校园文化建设过程中,必须重视显性教育与隐性教育相结合的建设理念。具体而言,要充分挖掘校园物质文化、制度文化、精神文化和行为文化等各种隐性和显性教育资源,探索校园文化建设的各种有效途径,发挥文化在教育中的作用。

1.加强校园物质文化建设,利用环境熏陶教育资源

校园物质文化的各个组成部分是大学生德育的重要资源,要积极探索大学物质文化的显性和隐性教育方法。校园文化中的物质文化是校园文化的有形载体,它浓缩了人类文化的物质存在形式,是大学在长期发展过程中积累下来的物化形式存在的总称。内涵丰富的物质文化不仅是校园文化的物质构成,也是一所大学综合办学实力的重要标志,它从一个侧面反映了教师和学生的素质和创造力。同时,这种物质文化所创造的境界和氛围对学生起着"环境育人"的作用,用学生自己创造的周围环境、用丰富集体生产的一切东西进行教育,这是教育过程中最微妙的领域之一。

(1)大学校园基础建设

校园基础设施主要是指教育教学的硬件设施,主要包括校园内可见可触的客观存在物,主要表现为各种建筑物群、图书资料、教学科研设备、多媒体教室和实验室、文体活动设施、校园网络等。通过这些基础设施的建设,可以为师生提供一个

良好的生活和学习的场所。此外,在校园基础设施建设过程中,可以运用这些设施开展大学生德育活动。同时,还可以利用校门的建筑风格、校园建筑的造型与命名、名人雕像、景观绿化等,培养和教育学生的人文精神、审美情趣和园林艺术感。在主干道两侧,依托主体建筑,在人流相对集中的地方设置招牌、广告牌和标语牌,校园文化景观主要是通过各种形式、色彩的文字及弘扬主旋律的内容或各种报纸来打造的。建设校报、校刊、校内广播电视、校园网、学校出版社、宣传橱窗等,发挥校园文化宣传舆论阵地的作用。将"节约用水"等醒目标语设置在建筑物内,开展绿色精神教育,培养学生的节约与环保意识,运用"请帮老师擦黑板""手机铃声静音或震动"等用语,教育大学生注意遵守公共秩序,培养其公共道德。学校要充分利用校园内的橱窗,对学校教师风采、办学理念、校训校风等进行展示。学校对校风、教风、学风进行最简单的总结,将其放在最显眼的位置,并不断向学生诠释其内涵。通过张贴学生的闪光点、采编名师和优生风貌、展示校报校刊等,不断强化校风、教风、学风的实践要求,激励学生努力实践,充分体现学校办学思想和人文特色。总之,我们应该尽力让每一个进入校园的人都能感受到校园内各种基础设施带来的便利,同时也能得到良好的教育。

(2)校园景观建设

校园的景观文化主要是指在校园的规划设计中,以环境品质的提升为目标,以人本主义为立足点,实现校园环境、功能、经济、技术的优化,创造一个有序的、有文化品味的、可持续发展的校园环境。一般来说,景观展示了一种物质和精神。

校园景观作为一种客观存在的物质,可以直接被人的感官所触及,具有直观形象的特征。在大学校园物质文化建设过程中,建设优美的校园景观,可以激发大学生对大学的热爱,培养大学生关爱自然、社会及他人的美好情操。在学校空间环境组织中,要人性化地设置相应的设施,创造适合人类活动的环境空间,促进人、自然与环境的和谐发展,增强人与环境间的亲和力。优美雅致的校园景观不仅可以美化环境与校园,而且可以积淀历史、传统、文化和社会价值。它蕴含着巨大的潜在教育意义,且以独特的物质文化形式对学生产生着影响,有利于学生陶冶情操、净化心灵。

(3)标志性文化建设

大学校园标志性文化是指由大学历史的积淀和文化主导者的世代倡导而形成的独特的校风和校园精神,包括治学风格、民主作风、文化主体所特有的语言风格、举止风度、文化修养等。标志性文化是一所大学独特的文化现象,体现了大学办学特色。

建立识别特征、结构特征、景观特征、标识系统等。通常,大学都有自己独特的标志性建筑、雕塑、校徽等,这些标志性文化展示了一所大学的特色之处,使其与其他大学区别开来。

2.加强校园制度文化建设,完善制度育人保障机制

制定学校的规章制度是构建科学管理体制的必然选择与必经之路。校园的制度文化一旦得到大学成员的高度认可,不仅可以促进其良好品行和价值观的形成,而且可以凝聚成一种精神文化传统,并在学生中代代相传。因此,制度环境的构建,就是要使道德教育制度化,通过制定有序的制度来规范受教育者无序的思想和行为。学校的规章制度要有目标导向,发挥奖勤罚懒、匡正祛邪、扬善抑恶的作用。除执行国家和国家教委颁布的法律法规外,学校还应从实际出发,根据学校本身存在的问题,制定本校的规章制度和实施细则,使学生有章可循,考核标准有据可循,促进学生工作严格有序发展。根据大学生德育的要求,各学校应结合自身的实际情况,制定出适合自己的、独具特色的校园制度文化。我们认为,应当加强考核制度、廉政制度、组织制度方面的建设,规避制度的显性缺失,发挥制度的隐性功能,从而使大学生在受到外在制度规范约束的同时,将其内化为自己内心的行为准则。

(1)考核制度建设

大学生的考核制度是校园制度文化的重要组成部分,在校园文化建设过程中,要制定科学的考核制度,对其各项规章制度进行完善,进而建成较完整的考核管理体系;要注重考核制度的系统性、连续性与稳定性,同时也要根据新形势,及时修改和完善,努力将制度的时代性凸显出来,进而增强规章制度的可操作性;要加强考核制度的公开性与透明度,加强监督,严格执法,依章办事,真正做到令行禁止,违纪必究,以维护考核制度的权威和尊严,但同时也要重视考核制度的激励性,使制度文化达到最佳境界,发挥最大化功能。

具体到大学生生活的方方面面,需要进一步完善各种考核制度。首先,进一步完善学校学生会、学院学生会以及团委部门的组织考核,制定相应的选拔奖惩制度,督促学生会全体成员树立"为学生服务意识",激发全体干部的创新意识,建立公开、公平、公正、实干、高效的学生会。其次,进一步完善学生综合测评制度。根据国家教育部颁布的《普通高等学校学生管理规定》《高等学校学生行为准则》等文件精神和管理目标和要求,各大学从实际出发,制定相关学生综合测评制度,逐步规范对学生的管理,促进学生教育的协调统一,提高学生的综合素质。再次,完善具体的资助政策。近年来,教育部会同财政部等部门不断完善具体的资助政策,采

取有效措施加快发放国家助学贷款和国家助学金,初步形成了配套措施的资助政策体系,如国家奖学金、国家励志奖学金、国家助学金、国家助学贷款、师范生免费教育、勤工助学、学费减免等,切实帮助贫困家庭学生完成学业。

(2)廉政制度建设

党风廉政建设和反腐败斗争是一项长期的政治任务,新形势下,廉政文化成为反腐倡廉工作的一个有效载体和重要抓手,是一项长期的社会系统工程。在反腐倡廉工作中,始终强调加强廉政教育的重要性,教育的主要对象为在任的公职人员,然而,却没有向那些思想观念尚未定型、即将走上工作岗位的大学生提供相应的反腐败知识和信息。

廉政文化进入大学校园,是反腐败斗争向前推进的必然要求,这既是党风廉政教育的必然趋势,也是现有廉政教育各种渠道的自然延伸。廉政文化走进大学校园,在大学生中开展廉洁教育,不仅可以帮助下一代形成正确的廉耻观,还可以通过大学生的言行,对家庭、社会的廉洁观念产生影响。

将廉政教育与思想道德教育、素质教育紧密结合起来,纳入大学德育体系,使诚信守法、正直自律等良好的道德意识深入人心。要以高雅、健康、丰富多彩的廉政文化活动占领校园文化阵地,弘扬廉政文化主旋律,营造廉洁奉公、勤政为民的氛围,培育人们的思想道德情操,帮助学生提高思想道德修养与政治意识,树立正确的世界观、人生观、价值观,打牢立身做人思想基础。

(3)组织制度建设

在组织的发展与运行中,组织文化具有重要的作用,一个好的组织必定具有一种优秀的组织文化;而组织只有具备优秀的组织文化,才能在激烈的竞争中生存下来。大学组织文化是以大学师生员工为主体,以办学实践为客体,通过组织内部的教育、教学、科研、生产、生活等实践活动所创造出的文化的总和。大学组织文化与校园文化有着紧密的联系,在校园文化建设中,组织文化具有导向、支撑、渗透、聚合与辐射等作用。

大学校园组织文化建设主要体现在大学党、团组织文化建设以及各类社团组织文化建设上,通过党、团组织机构建设,发挥组织及其成员在大学生中的示范和带动作用,促进大学生德育工作的开展;同时,要重视其他类型的社团组织文化建设,在规范和引导社团组织建设过程中渗透德育,"加强对大学生社团的领导和管理,帮助大学生社团选聘指导教师,支持和引导大学生社团自主开展活动",甚至可以为大学生社团活动提供一定的财力支持,可以借鉴国外高校的一些成功经验,如乔治敦大学,学校对一些符合条件的学生社团组织提供大量的活动经费。此外,为了解决经费问题,学校还允许学生社团在校内开设部分营利性服务项目,以营利所得作为社团活动经费。总之,党、团组织、高校学生社团正日益成为大学生素质教育的有效载体,在学生能力的不断提高以及思想道德水平的提升等方面发挥着独特的、不可替代的作用,因此,必须重视大学组织建设。

第五章　家庭文化与大学生德育创新

家庭文化包括家庭物质文化和家庭精神文化。它是在家庭中形成并传承下来的生活方式、家庭伦理和共同观念的集合。家庭文化在维护社会稳定、家庭团结、促进个人发展方面发挥着重要作用,特别是在引导和调节下一代的成长方面作用显著。因此,充分发挥家庭文化的德育功能是十分必要的。本章是对家庭文化与大学生德育创新的研究,在对家庭文化进行总体论述的基础上,着重分析了家庭文化与德育的内在联系、家庭文化视野下大学生德育的路径选择等内容。

第一节　家庭文化概述

一、家庭与家庭文化

(一)家庭的概念

马克思指出:"一开始就进入历史发展过程的第三种关系是:每日都在重新生产自己生命的人们开始生产另外一些人,即繁殖。这种夫妻之间的关系,父母与子女之间的关系,也就是家庭。"换言之,家庭的结成必须存在"繁殖"现象以及包含社会学意义上的姻亲关系,而家庭的产生与发展也经过了很长一段时间的演进过程,其并不是在人类出现时平白无故产生的,随着环境与社会的逐渐演变与发展,无差别的杂交状态才逐渐转化为专偶制。恩格斯在阐释家庭模式的发展时指出:"群婚制是与蒙昧时代相适应的,对偶制是与野蛮时代相适应的,以通奸和卖淫为补充的专偶制是与文明时代相适应的。"恩格斯认为家庭的产生与人的社会演化有着密切的联系。有两种因素对家庭的产生具有决定性作用:一是自然法则,林萍指出:"在自然选择作用的促使下,人类渐渐脱离动物状态,人们也渐渐意识到血缘家庭有这种优越性,并排除非同辈间的性关系作为禁例,以推动人的进化和发展,人类的智力和身体素质得到了提高和发展,血缘家庭便由此产生。"在自然法则的作用下,只有通过建立人际关系,人类才有更大的机会拥有健康的子孙后代;二是生产力,同样如林萍所说:"从对偶制到专偶制家庭,不再是自然选择作用的结果,而主要是社会经济力量推动的结果。"在某一社会类型中,越接近人类的发展后期,生产力的作用就越明显,在自然规律的作用以及社会生产力的影响下,家庭也会相应地发生变化,总的变化趋势是由低向高,由乱到治。

(二)家庭文化的界定

所谓家庭文化,主要是指一个家庭在代代相传的过程中形成和发展起来的相对稳定的生活方式、生活作风、传统习惯、家庭道德规范以及为人处世之道等。家庭是社会的基本单位,故家庭文化是社会文化系统的一个分支,家庭文化可以看作是人们在社会和家庭生活中进行社会活动过程,以及在活动过程中所获得的物质和精神成果。家庭文化是以文明的物质生活为基础的,包括家庭生活环境和家庭文明生活方式,以及伦理思想、习惯和价值观等。家庭文化涉及社会文化、历史文化和文化传承,体现人们的道德品质和精神信仰,塑造宽广的胸怀和更加完善的人格,探索人性之美和生命的价值,教会人们生活的能力和获得幸福的技能。随着社会文化的发展,家庭文化随之产生,其反映了家庭的生存现状以及家庭的精神面貌,和谐的家庭文化有利于促进人类文明的进步与发展。此外,家庭文化的关键点不止于此,它重点对以文"化人"的教化过程进行强调。文化包含着博爱的胸怀、行善的品性、道德的秉性和高尚的人文素养,它能展现"天地人"之美,使人驱散浮躁,重获内心的宁静。

家庭文化主要由精神文化和物质文化两部分构成。精神文化主要包括家庭成员关系、家庭教养方式、家庭气氛、家庭的精神、家庭经济管理等内容;物质文化则包括内部规则、成员的服装、家居卫生、饮食等方面。家庭成员之间的相互关心和民主平等是每个人心中的美好愿景,也是和谐稳定家庭关系的基础。相较于把教育重心放在学习上的家庭,将重心放在德育上的家庭更加和睦,且孩子的成长更加健康和全面。舒适整洁的家庭生活环境、科学营养的家庭饮食,以及富有文化修养和审美情趣的家庭设施,使每个家庭成员在学习和工作后都能放松心情,感受到家庭带来的温暖和幸福。家庭成员开朗、友好、情绪稳定,家庭气氛轻松、协调,有利于家庭凝聚力的增强以及家庭成员的身心健康。每个家庭都应该形成一套内部认可的行为规范,教育孩子如何孝顺老人、为人处世。家庭文化的每一个内容都会对每个家庭成员产生有形或无形的影响,我们必须把个体理解为生活于他的文化中的个体,把文化理解为由个体赋予其生命的文化。每个家庭作为一种普遍的社会存在和社会组成部分,由于地域和文化等的特殊性而不同。因此,我们应该深入分析家庭文化的特征和结构,探索人类文化链条中家庭文化这一最重要的部分,以及它对个体道德发展的作用与影响。

(三)家庭文化的特征

1. 时代性

家庭文化建设的外在表现是新旧家庭文化的更替,主要体现的是从落后文化向先进文化的转变,这种运动和变化符合一般事物发展的规律。经济进步是人类生存的物质条件,科技进步的创造提供了丰富的文明成果,为社会的发展和进步建立好人类生活所需的一切人文环境,是人类智慧的结晶,是人类发展的自觉性和人文性的表现之一,有利于更好地促进人类的发展。总之,一切进步都是为人类的可持续发展服务的。家庭文化的建设也是为了这种进步,更好地服务于人的发展,为人类适应和改造世界而进行的"基础工程",体现了深厚的内涵和深刻的家庭文化意义。

这一进步是人类思想、人类智慧和系统理论的进步。正确认识和把握家庭文化的时代性,有利于家庭文化德育功能的发挥和家庭教育过程的实施。在家庭文化建设中,可以改变原有的心态和手段,注重兴趣的激发与情感的教育,将感性教育与理性教育相结合,注重文化的渗透效应,发挥文化在道德传承、人性复苏、精神建设等方面的优势。

家庭文化研究是以伦理学和美学为基础的研究,它不仅旨在促进人的全面发展,而且把美化人性作为根本出发点。人性是复杂的,每个人都是有区别的,即使在一个人成长的不同阶段,其认知和行为也是不同的。因此,人性的变迁推动着家庭文化的发展与变迁,家庭文化不仅包括父亲文化、母亲文化、夫妻文化、子女文化,以及这些文化元素在新时期的新变化,而且还不断地产生男性气魄、女性气质、社会责任等新思想对其进行补充。因此,家庭文化的时代性是人类意识运动的必然结果。

2.引导性

无论是在理论创新上，还是在实践活动中，家庭文化的根本出发点都是提高生活质量，构建合理、阳光的美德教育机制，形成方向性的引导，这种引导性主要体现在以下几个方面。首先，是家庭文化新观念、新方法在人们的思想、行为和家庭发展中的引导。引导可能是由新旧事物和观念的更替引起的，也可能是由不同行为方式对环境的刺激引起的，从宏观上讲，它是社会变革与意识形态的碰撞。家庭文化在自身的发展中会不断创造新的理论成果，例如，家庭文化四要素、职业化的父母亲文化。这些内容反映了社会现状和家庭意愿，既是家庭成员所遵循的潜在规范，也是家庭发展的内在动力。其次，家庭文化的引导是文化知识的引导、内在情感的引导、道德伦理的引导。家庭文化使人们在文学中感悟人文境界，在艺术中充分感受自然之美，在语言学习中提高能力和审美文化碰撞，在数学、物理等学科中重视科学和创新，在哲学方面则使人挖掘世界本质、提升思辨能力。在社会转型的大背景下，家庭文化具有深刻的潜质，它能以文化的力量影响和感染人，使学校教育与家庭教育相辅相成，使知识与人性兼容，使人的思想境界得到升华。更重要的是，家庭文化的引导性体现在价值取向。家庭的生活方式、道德形态和伦理秩序都能从家庭文化的德育功能和重大意义表现出来，对人类的发展有着深远的影响。因此，家庭文化应重视情感教育，重视道德伦理和心理健康的引导。家庭文化对子女的渗透，不仅是在知识层面，更是在无声地提升人性美德的层面，它教导人们"德才兼备，以德为先"。家庭文化的"尚德"价值观是家庭教育的灵魂，是最能体现家庭文化引导性的要素。

3.抽象性

家庭文化的抽象性表现在形式的抽象性和表达个体的抽象性两个方面。家庭文化是意识形态领域的一种文化范畴，其目的是精神世界对人类的引领，在物质生活中显现。家庭文化探讨了家庭的本质和功能，探寻了人类生活规律和意义，在这个过程中，家庭文化的抽象性主要表现在人的性格结构和道德品质上。不管是诠释生命的意义，还是追求生命的品质，我们所获取的知识和经验以及对人生价值的思考都是通过抽象甚至不明确的事物进行的，进而推动家庭文化的发展和创新。家庭文化首先要发掘自身存在的意义，才能更好地为人们服务。当今社会的病态心理，如缺乏社会责任感和冷漠，需要温暖、科学、理性的文化艺术来治愈，家庭文化承载的主体以及家庭文化传承美德的价值和家庭文化的载体，都是通过沉淀、过滤和浸润的方式来完成批判性的继承。家庭文化展示了人性的光辉,探讨了人性的抽象结构,分析了社会病态与浮躁的氛围,阐明了美德这一抽象文化形式的现实意义。

4. 传承性

家庭文化传承的特点主要是指对人的发展和教育的各个方面产生终身性影响。造成这种终身性影响的原因主要是家庭是人们成长的"第一"课堂。此外,杨淑芬女士在她的《和谐家庭幸福人生——弟子规讲解》中也提出,家是与我们每个人的身体和心灵都最为亲密的地方,家庭教育是一切教育的开端和基础。如果我们仔细观察,就会发现,我们在日常生活中随意表现出来的思想、行为习惯和生活方式,都是通过模仿和学习家人的做法而形成的,是从小就养成的习惯,深受自身家庭价值观的影响,其影响甚至贯穿我们的一生,甚至代代相传。因此,家庭文化的终身性是一个非常明显和重要的特征,也是我们研究家庭文化意义的基础和源泉。

5. 社会性

家庭离不开社会,家庭文化是社会文化的重要组成部分,故家庭文化具有明显的社会性特征。家庭文化的社会性是指家庭文化受到社会诸多因素的影响,东西方家庭有明显的民族或地区差异,在思维逻辑和行为方式、衣着、饮食习惯、居家安排等方面都存在明显差异。例如,西方社会很早就开始培养孩子的独立能力,尊重孩子的意愿和选择,家长大多扮演朋友的角色。而东方社会则更加关注孩子的学习、身体等方面,更加注重群体和社会对孩子的要求,有时父母甚至扮演包办代替的角色。

二、大学生德育中融入家庭文化的理论基础

(一)马克思人的全面发展理论

"人的全面发展"的含义是人的自由与全面发展的统一,按照人的类存在物、社会存在物、个体物三个层次的定义,人的全面发展的内容可以分为四个方面:社会关系、需要、活动能力和个性。马克思曾经在他的理论中指出,"人的本质在其现实性上是一切社会关系的总和"。他的这一论述将人的两个性质体现了出来,即本质属性社会性和现实性。人是在社会中存在和发展的个体。"作为它的主体出现的

只是个人……他们既再生产这种相互关系，又新生产这种相互关系"。无论是从再生产关系的角度还是从新的生产关系的角度，都可以发现这是人的发展的一个重要标志，社会关系在人的发展中起着关键作用。还可以达到这样的程度："实际上一个人能够发展到什么程度是由它来决定的。"

人的这一属性是指在生产和劳动实践过程中形成的生产关系。一切生产实践和社会劳动都是在人的社会关系中进行的。生产实践的过程是以人与人之间的联系为基础的。人的全面发展的第一步是发展人的社会属性，即扩大人的社会关系。人不能在社会中独立存在，必须在一个社会群体中生活和发展。在科学技术和文化融合快速发展的背景下，社会上每个人的活动都更加丰富多样，参与的范围也更加广泛，社会关系也将更加复杂。人人社交网络的拓大，人与人之间的关系更加密切，交流也更加便捷频繁，进而提高了人与人之间的包容性，为人的自由全面发展提供了更大的平台和机遇。马克思指出，"需要是人的本性"，人的需要是一个不断变化的过程，能够促进人的不断发展。人的需要可以引导人的发展，对人自身的活动方法、目的和未来的发展趋势进行调节。人的需求是多样的，它对人的本性、素质、能力等方面起着重要作用，也是人的全面发展的体现。马克思在研究中指出，需要是人类进行任何实践活动的根本出发点。人的社会属性是客观的，其客观的特点把人的物理需要和非物理需要与社会关系结合起来，有利于促进社会关系的发展和进步，人的需要若得不到满足，就会对人的全面发展造成阻碍，在不同的社会形态中，人们拥有不同的需要。马克思认为："实践是人存在和发展的方式"。这是其马克思主义哲学的根本观点。实践在人的需要中起着关键的作用，人的需要的发展是以人的劳动和活动能力为基础的。马克思曾在他的著作中对这样一种观点进行阐述："人类所理解的劳动力或劳动能力是人的身体即活的人体中存在的，每当人生产某种使用价值时就运用的体力和智力的总和。"即马克思认为，人的活动能力是智力与体力的结合，是人的主观能动性与实践的结合。在人的性质方面，人有两种能力：自然能力和社会能力。人的主观能动性使人能够在各种实践活动中满足自己的需要，也能发展人的各方面能力，包括劳动和社会生活两个领域。

曾经有学者对个性进行定义："个性是指个人主体性的个体表现，主要包括人各个方面的体现，比如社会关系、社会实践能力和适应能力、道德素质和心理素质、智力等方面。"从根本上提高人的能力是人的个性发展的条件，即人的能力在自觉的主动性、创造性和自主性三个方面同时发展。在活动的过程中，人们能够充分感受到自己的自主性，对活动的方向进行控制，全身心投入到活动的过程中，对活动有热情，关注活动的结果，在这个过程中，不断激发自己的创造能力，体现自己作为主体的意识。马克思关于人的个性发展的观点认为,人的个性与主体性密切相关,假如个人想充分发挥自己的主体性,可以突出人与人之间的差异和独特性。人的全面发展对保持人的独立性具有重要作用。它还可以为个人的思维注入新的力量,使社会更加丰富多彩。

人的全面发展理论已经形成一个体系,"全面"是指理论内容丰富而全面,主要包括五个方面的理论:一是人的需要的全面发展,二是人的能力的全面发展,三是人的社会关系的全面发展,四是人的自由个性的全面发展,五是人的自身文化素质的全面发展。本书主要对人的自身文化素质的全面发展进行研究。

素质是指人的内在品质,是人对自身和外部世界的看法的表现。人自身文化素质的全面发展是马克思理论的核心内容。自然素质和社会素质是构成人的素质的两个方面。自然素质由人的先天决定;社会素质即人的自身文化素质,则是在后天实践中养成的,主要可以分为思想道德素质和科学文化素质两个方面。人的自身文化素质具有丰富的内容,其中思想道德素质和政治素质两个方面的内容尤为重要。思想是指在外部世界的影响下,这些现象在人脑中形成的一种观点,事物和人的思想是复杂多样的,道德是人们在社会生活中所遵循的社会规范,高尚的道德品质主要体现在公民道德、职业道德、家庭美德三个方面。政治素养主要反映一个人对国家民族、社会制度和执政党的态度。例如,在我国,认同和支持社会主义制度、拥护中国共产党的领导,积极建设社会主义事业,维护国家统一是良好政治素养的主要体现。政治素质是人总的素质的重要组成部分,政治素质的提高有利于人总的素质的提升。人的文化素质水平是人的发展状况和社会发展程度的主要体现,因此,我们必须注重提升人的文化素质,并将它与人的需要、能力、社会关系和个性的全面发展结合起来,相互促进,共同进步,注重提高人文素质,最终实现人的全面自由发展。

(二)新时代习近平家风建设思想

"忠厚传家远,诗书继世长",家风文化是我们优秀传统文化的精髓。它以其独特的传承方式和感染力,对提升我国国民素质和道德品质起到了巨大的作用。习近平总书记充分认识到培育、传承、建设优良家风对于弘扬中华民族优秀传统文化,以及实现"中国梦"的重要意义。习近平总书记自党的十八大以来,高度重视家庭文化的继承和发展,多次讲话的进行与开展,为新时期的家风注入了新的内容,形成了一系列的家风建设思想,包括修身齐家的价值理念、廉洁自律的道德准则、正心诚意的人格气质、艰苦奋斗的精神风范等,指导了我国家风的建设,并为我国家风建设提供了相关方法论。

养"德"是中国古代家风的核心,不管是孔子的"仁、义、礼"、孟子的"仁、义、礼、智"五常,所有这些还是董仲舒的"仁、义、礼、智、信",都是对个人道德的要求。在古代,人才的选拔也把"德"放在首位,注重选贤举能。习近平总书记对中华民族大家庭中每个人的要求,都是基于"德"。在此基础上,习近平总书记结合中国实际和中国传统文化,对公民提出"爱国、敬业、诚信、友善"的基本要求,涉及社会主义公民道德行为的方方面面,主要包括社会公德、职业道德、家庭美德和个人品德。家庭是组成社会最小的细胞,原生家庭对一个人的成长和发展有着重大影响,甚至可以说,一个人的行为准则和道德品质就来自家庭。在多种场合中,习近平总书记强调不论中国如何变迁,世界如何风云变幻,我们都要高度重视家庭建设,注重家庭和谐、家庭教育和家风的传承。

"修身、齐家、治国、平天下"这一我国传统文化中的智慧是习近平家风建设思想的主要来源。他认为,不管是党员干部还是老百姓,都要严格要求自己,努力培养自己良好的道德品质和情操。另外,在自我修养提高后,还要注意家庭和谐,形成良好的家风。修身齐家对家风建设具有十分重要的意义,应倡导人人树立健康的家庭观念,注重自我修养,养成良好的家风。此外,他还非常重视诚信这一重要品质。近年来,习总书记认识到,随着改革开放的发展和经济发展方式的转变,中国人民的道德水平总体趋于下降。因此,他认为,培养家风应注重正心诚意,这有利于促进人民在家庭的影响下心正意诚品格的培养。

在家庭教育过程中,家风比家训、家规更为重要,故要注重家风的传承,这是很有必要的。一般来说,在一个家庭中,当孩子开始学会说话时,他们就接受了家庭教育,"爱子,教之以义方""爱之不以道,适所以害之也"是我国传统思想。在这方面,习近平曾指出:"有什么样的家教,就有什么样的人。"从中我们可以看出,家教对一个人有着重大影响。他还举了自己的例子来说明家教对他的深远影响,在他小时候,他母亲给他买了《岳飞传》,他深受故事中精忠报国的精神和品质的影响,强烈的爱国热情和报国雄心由此产生。因此,他指出,在教育孩子的过程中,父母应该在孩子小的时候就教育他们良好的道德观念,引导他们学会做人,培养其良好的道德品质,这些教育会使孩子一生受益。在他看来,在一个家庭中,如果有家庭成员能够长时间地按照教训等做事,那么,从长远来看,这个家庭的家风就会形成。如此家风"既是一个家庭的精神内核,也是一个社会的价值缩影。"

第二节　家庭文化与德育的内在联系

一、家庭文化与道德的关系

（一）家庭文化是道德的载体

首先，道德作为行为规范的应然形态来看，家庭文化是道德的重要载体。家庭虽没有充分的证据证明是伴随着人类的产生就已形成的社会组织形式，但是可以说，从家庭诞生的那一刻起，它就承担起了传承社会文化的重要使命。从中国历史的发展进程来看，家庭精神文化的核心就是道德价值观。我国古代非常重视家庭教育，很多名人的成才，都与严格的家庭教育分不开。在浩如烟海的古代文化典籍中，有关家庭教育的内容十分丰富，留下了许多家训、家范、家诫以及治家格言和其他一些教子诗文，其中不乏道德教育的真知灼见。如《颜氏家训》提到"兄弟不睦，则子侄不爱；子侄不爱，则群从疏薄；群从疏薄，则僮仆为仇敌矣。如此，则行路皆踏其面而蹈其心，谁救之哉？人或交天下之士，皆有欢爱，而失敬于兄者，何其能多而不能少也！人或将数万之师，得其死力，而失恩于弟者，何其能疏而不亲也！"指出了兄弟和睦既是家庭幸福的基础，也是社会和谐的保证。宋朝爱国诗人陆游有一首著名的诗篇："死去元知万事空，但悲不见九州同。王师北定中原日，家祭无忘告乃翁。"就是说，他生前并没有看到宋朝赶走金人、统一北方的局面，故说道，待他死后，如果王师平定中原，实现了统一，一定要在家祭时告知他。"家祭无忘告乃翁"这句话，体现了中国传统家庭文化中渗透的对待个人与整体、个人与国家、天下与人民的道德价值思想，爱国情怀溢于言表，而家庭关系文化是道德的重要体现。《左传·昭公二十六年》中提到："父慈而教，子孝而箴，兄爱而友，弟敬而顺，夫和而义，妻柔而正，姑慈而从，妇听而婉，礼之善物也。"也就是说，父亲慈爱而教育子女，儿子孝顺而规劝父母的过失，兄长仁爱而对弟友善，弟弟恭敬而服从兄长，丈夫亲和而知大义，妻子温柔而正派，婆婆慈爱而听从规劝，儿媳顺从而委婉，这是礼所带来的好处，对家庭道德关系进行了概括。而家庭器物文化，也常以其情景交融的客观形式，成为道德关系的产物、象征和见证。

道德观是家庭文化的重要组成部分，也是一个家庭外在特征的重要体现。

（二）家庭文化是道德的源泉

道德作为一种行为规范，只是人类道德观念和价值标准的表达"文本"。道德的发生、发展和变化，最终需要人类实践活动的确认和推动。当道德被视为一种客观的社会存在时，家庭文化便成为道德的源泉。

文化是人的实践活动的创造物，是人的本质力量的对象化，是各种文化单元所蕴含的共同本质。与人的本质力量相比，任何社会存在都不能排斥人的实践，切断与人的主体性的联系。因此，文化的本源只能是人的能动的社会实践。然而，"人作为社会存在的创造者"这个命题，只是对人的本质力量的对象化进行的一般性阐释，假若把考察对象从"类"存在的人转变为"个人"，人、文化、道德三者之间的关系也会发生相应的变化。道德作为公共价值规范和个体德行，是文化建构的结果，文化是道德的源泉。

家庭文化作为一种社会存在，是一个结构复杂的系统。根据上述三种类型的家庭文化结构，器物文化、关系文化、精神文化作为文化的三个基本要素，相互嵌入，形成一个完整的文化体系，并使一种道德体系的独特结构建立在一定的时间和空间领域内。器物文化作为建构道德体系的"骨架"，为道德合理性提供了依据。在一定的社会阶段，道德价值观主流倾向的根源可以从器物文化中找到，道德教育离不开物质文化的发展阶段和历史品格。关系文化具有道德选择、道德淘汰、道德维持等作用。精神文化作为一种道德资源，一方面为道德提供知识，为道德思维的建构提供理性依据；另一方面，它将道德意义作为指导社会实践的价值标志加以阐释和论证。

（三）家庭文化的变迁与道德的凸显

家庭是一种历史文化现象，随着社会生产力和生产关系的发展变化，家庭的结构和功能也在不断演变。家庭文化是一种亚文化形态，具有开放性、继承性和生成性的特点，受社会政治、经济、文化等诸多因素的影响，并随社会文化的变迁而发展变化。目前，家庭文化的变迁主要表现为家庭结构日趋简单、家庭规模不断缩小、家庭结构由原来的联合家庭、主干家庭逐渐向核心家庭过渡。家庭关系越来越松散，从父子关系的角度看，父亲的权威受到了极大的挑战并逐渐弱化，孩子的部分独立人格和意志在得以实现，在一些家庭中，父子关系更加和谐，趋于人格平等。从夫妻关系的角度看，随着妇女社会地位的不断提高和对传统"夫为妻纲"价值观的猛烈抨击，夫妻在家庭中的地位正在逐渐趋于平等。另外，婆媳关系、兄弟关系、妯娌关系等也出现了松动的趋势。家庭观念日益弱化,在中国古代,大家庭观念盛行,重视祭祖,然而现在,大家族和祖先祭祀的观念都被削弱了。家庭的组织生产、教育子女、养老抚幼等功能日益弱化,学校部分承担了传统家庭教育子女的功能。家庭财产日益分割,家庭财产在中国古代由全体家庭成员所有,储蓄私人财产的行为是不被允许的,然而,自近代以来,家庭财产的分割越来越严重。但是,在家庭结构趋于单一化且规模不断变小的同时,家庭的象征意义却得到强化。在当今丰富多彩而又动荡喧嚣的现实世界,人们渴望有片宁静的港湾,渴望从容安放心灵的家园,家的繁文缛节消失,家被看作精神家园和意义世界。

也就是说,随着历史的发展变化,家庭文化的重心从表层文化转向深层文化,从强调物质文化转向更加注重精神文化,这与人类文化发展的一般规律相符合,是人类本质力量不断提升的表现。正如社会历史学家、教育家陈序经在其《文化学概论》中所展望的:"等到真正的平等与自由得到了,那么文化就趋于伦理的重心,而人类才能享受到真正的幸福"。

因此,不管家庭的结构与功能等如何变迁,家庭作为一种终极关怀性质的存在,使得家庭在当代仍然有理由和资格担当文化传承的使命,而且将更加有利于发挥其德育价值。

二、家庭文化的德育功能

家庭文化的功能主要体现在家庭、社会和个人之间的密切关系上,家庭文化是促进社会文化进步和社会和谐的强大力量,旨在满足人类发展的需要。在社会功能方面,家庭文化对实现良好的家庭生活状态及和谐稳定的社会生活秩序起着重要作用;在人的影响方面,发挥着"精神磁场"的作用,提高了家庭成员的道德素质,增强了家庭凝聚力。分析家庭文化的功能应从社会和个人两方面入手。

(一)社会性功能

所谓家庭文化德育的社会功能,主要是指家庭文化在遵守社会道德规范、维护社会稳定、促进社会发展、提升社会人文性气息等方面的作用。

1. 规范功能

在家庭中,父母和孩子的价值观、价值取向和行为习惯逐渐形成共同的道德理解和道德规范,在每个家庭成员的心中,都有一个约定俗成的标准来承担自己的责任和义务,并根据这个标准学习美德、礼仪等,这就是"家规"。家规是家庭文化在制度层面的体现,以提升人性境界、实现家庭和睦和父母的精神性引领、保证子女能正确对待人和物、懂得做人的根本为目的,彰显了对家庭幸福及达济天下的人文关怀。家规中包含着一种育人理念,促使家人之间相互监督、学习、约束与关爱,故家规的制定是十分有必要的。家规既不是一般的纪律性约束制度,也不是中小学生守则,而是从文化的角度出发,以伦理教育为主要内容,以推动人的精神的健康发展为宗旨,以父母的优点为榜样,以正确的道德知识为依据,以崇德为核心理念,以知行合一为最终目标的对家庭伦理秩序的一种规定。

此外,在家庭文化氛围中,家庭成员角色扮演的成功将产生一定的正能量。家庭中的每个人都在扮演生活的角色,并发挥自己角色的作用。父亲的角色应当让孩子对男人的力量和刚毅有一定认识,进而培养孩子的自信心和责任感,进一步挖掘孩子的个性、兴趣、创新思维等,父亲的角色假如能够成功地扮演,在孩子心中的烙印将会是正直、正义、诚信、有高尚信仰的。母亲的角色则应该教会孩子们传统文化中所有优秀女性都应该具备的善良、坚韧、谦虚、严谨、诚实、勤勉等品质,给孩子们精神上的慰藉、灵魂上的洗礼、思想上的丰富、道德上的引导和生活上的力量,这将使孩子们一生受益。对大多数人而言,孩子思想品德养成的首个场所就是家庭,家庭是孩子学习责任与担当、包容与善良的第一课堂,只有成功的家庭教育,才能使孩子懂得正确的人生价值追求,在未来的生活和挑战中占胜自我和超越自我。

可以看出,优秀的家庭文化是一个立体的、多层次的知识空间,它表达了孝道伦理、高尚信仰、精神愉悦、善良友爱的美德世界。优秀的家庭文化有利于净化孩子的人性、提升灵魂的境界,推动家庭教育冲破物质的束缚,使家庭教育愿望的着力点落在对文明和进步的追求上。把文化育人作为制定家规的宗旨,既是家庭的进步,也是社会文明的进步。胡锦涛曾指出:"物质贫乏不是社会主义,精神空虚也不是社会主义。"换言之,物质和精神同等重要,国家的经济发展和社会文明的进步同样重要。家庭文化教育的手段不只是说教和讲故事,也不是说父母树立榜样就能取得教育的成功,家庭教育应有一定的道德参照,从而更好地保障文化自觉,保护家庭优良传统的基础,表达家庭文化的独特气质,这是另一种家庭财富。

2. 整合功能

家庭文化的发展可以促进社会文化的进步,整合主流文化观念和思想,促进社会文化和家庭文化的一致性,协调价值观和行为的统一。整合统一的价值观有助于引导社会行为走上正轨,形成普遍接受的社会规范和道德舆论氛围,规范人们的行为,推动社会进步。家庭对原有家庭的依赖性随着家庭结构的变化逐渐减弱,并转化为社会生产、消费、精神、文化、归属等方面的需求，实际上，家庭文化与社会文化的对接，既是社会文化对家庭文化的发展要求，也是家庭文化的社会化和对社会文化的反哺，人类生存和发展的过程，不仅是文化的创造过程，而且是社会文化、传统文化和其他文化形式的积淀和传承过程。

整个社会文化的构成基本包括三个部分，即家庭文化、传统文化、外来文化。因此，社会主义和谐文化的构建离不开家庭文化的重要性，注重家庭文化的构建对社会主义和谐文化的构建具有重大意义。作为社会细胞，家庭所呈现的文化形态是社会文化的重要组成部分，当代家庭文化与社会文化的联系日益紧密，每个家庭的精神和物质需求都发生了历史性的变化，人们走出了传统的四合院、家庭保守观念、落后封闭的生产方式，进入了开放、文明、现代的生活状态，无论是家庭理念、生产观念、消费观念，还是精神信仰，人们关心的不再是生育、传宗接代、循环"存钱、挣钱"，也不再是单一的精神信仰，而是优生优育、子女教育、生活质量和理性消费，注重多维的精神需求。

精神文化和物质文化是家庭文化中的两种文化形态，主要包含核心价值观取向、思想观倾向、人性、信仰、物质消费和生产方式、生活方式等内容，当这些家庭的精神文化和物质文化走向正确且健康时，家庭中的人就会受到潜移默化的影响，进而使家庭中的美德转化为社会道德，形成良好的社会氛围和风气。在家中孝顺的人进入社会后就会尊重和爱护老人；在家中与家人亲近的人走入社会也懂得尊重和合作；爱家庭和家人的人懂得更好地爱自己的国家和同胞。其中蕴含的道理很简单，人们关心自己的父母和孩子，也就容易在推己及人的过程中关心其他老人和孩子。相反，假如家庭成员个个独断独行、自私自利，相互之间离心离德，从长远来看，家庭成员将会只注重自己的利益，而家庭也不再是温暖的港湾。此外，我们应该清楚的是，家庭是我们的小家，国家是我们的大家，只有热爱自己的小家，才能做到热爱我们的国家。道德标尺存在于每个人的心中，能衡量是非、辨别善恶与美丑。只有由这样的人组成的社会，才是理想的境界，才是真正的"桃花源"，而有效培养这类人，最重要的是从娃娃抓起，从家庭教育的小事做起，树立科学、正确、真实、可靠的价值观，营造有利于家庭成员发展的和谐美好的家庭文化氛围，促进社会进步。

家庭的文化状态也会受到物质的制约和精神的引导，人作为家庭主体的同时，也是社会的主体，人们的幸福需要家庭的精神慰藉，物质上的富足只能带来暂时的兴奋，而无法带来长期的愉悦，只有精神上的满足才能达到这种效果。在社会经济发展与转型过程中，社会的方方面面都发生了变化，社会阴暗面也随之逐渐扩大，侵蚀着人的精神信仰和美德,给家庭文化带来了负面影响,出现了离婚率高、暴力犯罪等现象,因此,提高家庭文化的精神质量已成为社会文明赋予家庭的重要使命。

3. 维稳功能

家庭文化的维稳功能主要体现在两个方面:一是家庭文化对人的社会责任感的培养;二是文化对人的欲望的调节作用。首先,一旦形成和谐的家庭文化,以爱和责任感为核心的家庭文化精神内核就会自动建立起来,它不仅教育家庭成员爱身边的人、承担家庭责任,而且会在无形中强调关爱他人、承担社会责任,以确保营造良好的社会环境。强调家庭和谐需要以和谐的社会环境为依托,因此,从家庭和谐出发,并延伸到社会这个大家庭中,进而促进社会文化发展,实现社会稳定。家庭是社会的重要组成部分,做好家庭美德教育,不仅有利于个人道德修养的提高,而且能够推进社会主义精神文明建设的进行,这是我们必须始终注意常抓不懈的一个任务。如果每个家庭成员都能遵守家庭规范,发挥自己的作用,实现夫妻之间的和谐、母慈子孝,那就为家庭成员在社会生活中持高尚的品格和行为方式打下了基础,确保了家庭成员遵规守法、任何事都以道德为第一要务,同时也解除了家庭成员参加社会主义事业伟大建设的后顾之忧。另外,培养下一代的品德离不开家庭美德的熏陶和引导。因此,在确立家庭伦理教育的目的和家庭文化教育的内容时,必须将家庭责任教育与社会责任教育紧密结合起来,要加强社会公德、职业道德、家庭美德、个人品德建设,发挥道德模范榜样作用,引导人们自觉履行法定义务、社会责任、家庭责任。因此,我们可以认清以下两个方面的内容。一方面,家庭文化建设在社会主义和谐社会的物质文明和精神文明建设中发挥着重要作用。另一方面,科学的家庭文化观要进行责任教育的灌输,且将家庭责任和社会责任有机结合起来。家庭的使命不是养大孩子、传宗接代,而是孕育出有意义的生命孕育出来,这不仅是家庭发展的希望,更是国家繁荣发展的希望。

此外,文化在调节或抑制人们的欲望方面也发挥着有效的作用,特别是家庭文化对每个家庭成员的影响是深刻而持久的。在正确的家庭文化引导下,有利于家庭成员良好的公民意识和行为习惯的养成,形成有利于人们身心成长的健康统一的家庭文化价值观,凝聚家庭的力量,使家庭成员在社会生活实践心理方面产生自律能力,形成现代化先进的思想文明行为,进而制约其实践行为,采取科学手段正确处理个人与社会、他人、自然的关系,使之和谐发展,从根本上促进社会文明和人与自然和谐发展。

平等、民主、和谐的家庭文化氛围有利于维护基本的家庭秩序,确保家庭成员的团结,进而促进了家庭文化的健康持续发展。小家庭的稳定必定会促进大家庭的稳定,家庭中夫妻平等、有序的关系反映了社会主义家庭制度的科学性和完善性,保障了社会的和谐稳定发展。

4.审美功能

从美学角度看,"真善美"的人生境界是家庭文化的追求目标,这也是家庭文化的一个进步。家庭文化所追求的真善美,蕴含着人性最伟大的特征,即真正的自我、高尚的灵魂和一种融一切美德于一体的一种人性修养,能正确认识事物发展的真实规律,了解真实的自我,在社会活动中表现出真挚的爱心、责任心和宽容心,从而体现出美,这种美是每个人都愿意追求的。人的本性的美丑与后天生活环境的影响密切相关,只有在正确的指引下,才能有效避免价值观选择的偏移与人性弱点的暴露。家庭文化追求真善美的内容,它以独特的形式存在于人类成长的各个方面,创造了强烈的家庭文化对人的感染力,使人们能够轻易屈从于自己家庭的价值观。除了血缘关系,家庭成员之间的关系可以更加紧密,这有利于家庭成员之间和谐牢固感情的建立和增强家庭的凝聚力。

通过家庭环境对人的特殊影响和情感交流,家庭文化的审美功能得以实现。一个人是否被需要,是否有利于社会发展,是否能够为社会创造价值是其存在的意义与价值。社会人文氛围、人文环境、人文目标和人文价值观是影响人成长成才的重要因素。人的性格、思维方式、创造力、奋斗方向和意志是在家庭和社会这两个文化环境中形成的。环境对实现人生目标和人的精神面貌起着非常重要的作用,例如,在诚信尚德、自强不息、公平竞争、团结合作的社会环境中的人也会相应具有诚实守信、以德为先、艰苦奋斗、共享互助的美德。相反,人类没有一个理想的人文环境作为情感支持,就会感到失落、困惑或迷茫,进而产生众多抱怨和懈怠,并迫使积极的情感转化为抑郁和怨恨。成千上万个家庭的人文环境共同构成社会的人文环境,和谐的家庭人文环境能够解除人的忧虑,使其以愉快的心情投入个人价值的实现中,同时也给社会创造更多的价值。所以,人文社会环境对人的情趣的形成起着重要作用,同时家庭人文环境造就出的人也改变着社会人文性面貌。

可以看出,家庭文化是教会我们做人的"第一课堂",是洗涤心灵、提升信仰的"灵魂驻地"。随着现代社会家庭结构的变化,社会精神文明和物质文明的丰富,信息和网络的发展,人们对精神世界的需求与日俱增,家庭文化的功能越来越注重精神领域。家庭文化能否满足家庭成员的精神需求,是人们在家庭生活中对家庭文化价值认同程度标准的反映,同时,家庭文化取向也是反映社会文明程度的重要标准。认同家庭文化,即认同家庭价值和育人取向,这是由家庭成员之间的情感、看问题的方式以及沟通互动方式所决定的。

(二)个体性功能

所谓家庭文化的个体性功能,主要是指家庭文化对家庭成员思想道德认识、行为自律能力、价值选择能力和心理发展水平等的长期而持久的影响。这种影响是人与家庭生活中的物质生活环境和家庭精神面貌相互作用的结果。

1.认识功能

家庭文化的认识功能,主要是指家庭文化能够让人正确认识是非观念、善恶标准等道德知识,并渐渐产生心理认同的功能。家庭带给我们的第一件事就是初步认识这个世界,这有助于我们身心健康成长,也有助于我们思想道德的养成,良好的家庭文化可以通过有目的的培养、有计划的传播、潜意识的影响和无意识的模仿,使人形成道德认识。孩童时期为人的品性的形成奠定了基础,且家庭文化是人的品性形成的重要影响因素。例如,在小时候,父母会教我们敬老,坐公交车时主动把座位让给老人;把自己喜欢的东西礼让给比自己小的朋友;敬爱师长,尊师重道;具有同情心,懂得体会他人的辛苦和感受,等等。在这些生活的点滴中,我们学会了很多道理,也知道了应如何去做一个有道德的人,这是家庭文化带来的最直观、最生动的伦理课,对人们的生活产生了深远的影响。此外,人们也可以举办家庭文化活动来提升自身的道德素养。在家庭环境好、文化活动丰富的家庭中,我们可以深切感受到人的美,进而陶冶了我们的道德情操,愉悦了我们的精神,同时,家庭成员之间的和谐氛围在不知不觉的情形下逐渐形成,有利于抵御外部环境中不良文化的影响。

家庭文化以其本身所具有的强大感染力与熏陶力对家庭成员的心灵产生了重大影响。家庭的精神面貌作为家庭文化最重要的组成部分,有利于培养家庭成员完整健全的人格,消除其内心的紧张不安以及外界的众多纷扰,并保持积极乐观的人生态度。一个人积极乐观地看待身边的一切,就总能发现生活的美好,生活自然会越来越好,朋友会越来越亲密,事业会越来越顺利,爱情也会越来越甜蜜;相反,当你以消极的态度对待生活时,就会一直觉得命运对待你不公平,所有的坏事都会发生在你身上,好事却与你无关,那么这种人的生活只会变得更糟。在一个家庭中,积极向上的家庭氛围会使家庭成员具备健康积极的心态,微笑面对人生中的困难与挫折。这与这个家庭的物质生活水平没有多大关系，就如有些孩子尽管出生于贫苦家庭，但他们积极乐观、坚忍不拔；相反，一些出生于富裕家庭的孩子，虽然接受了最好的学校教育，却是行为粗鲁、精神脆弱，经不起风吹雨打。根据孩子的性格特征，我们可以看出，家庭对人的影响不仅表现在童年，而且贯穿于整个人生。一个人在家庭中所形成的个性和习惯，会改变他的生活轨迹，改变身边的人和事，并在很大程度上决定了他进入社会后处理事情的能力和方法。

家庭文化的道德认知功能也体现在家庭对个体道德素质的培养上。家长在教育孩子时，要从家庭环境、家庭文化氛围、家规教育、伦理道德灌输、身体力行等方面进行。当人们对一个人是否有教养进行判断时，并不是看他的分数与成绩，而是看他的行为是否符合社会普遍接受的道德标准。因此，思想品德素质是人的全面培养中的首要素质。这离不开父母的殷勤教导、家庭文化的长期影响，也离不开家庭文化活动对人的实践能力的锻炼。总之，家庭文化在个体道德形成中起着重要的作用，并在不知不觉中对他们的道德素质和行为习惯产生了影响，也为个人更好地融入社会奠定了基础。

2.约束功能

约束功能主要指家庭文化让家庭成员自觉地遵守家庭美德和社会道德规范，履行对家庭和社会的义务的功能。人的根本属性是社会性，作为社会实践的主体，人的认识是指导实践的基础，从本质上讲，人的学习过程就是对认识实践再认识的循环过程，只有建立了正确的道德体系，才能保证人类在社会实践中崇尚道德，并把高尚的品行作为自己的实践标准，不做违背道德的行为。家庭文化的目的不仅在于向我们传授道德知识，而且要把建立个体道德自律机制作为永恒的目标，因为道德自律能力是解决道德问题的根本措施，是人们自我控制、自我激励、运用精神力量战胜困难、约束自我"知行合一"的最重要手段。真正道德自律的人，无论面对什么困难和挫折，都会把积极向上、乐观、公正、诚实和善良的美德作为自己的信仰。道德自律作为个体实践的重要组成部分，对国家稳定和社会发展也具有重要作用，是建设社会主义文化强国和社会文明有序的标志。

发挥家庭文化的约束功能主要分为两步，第一步为家庭文化渗透进家庭成员的思想、情绪与习惯等各方面，将正确的家庭文化观念内化为个人观念。与学校环境、社会环境相比，作为人出生和成长的地方的家庭环境与人的关系更加紧密，同时相较于其他文化环境，家庭文化对人的思想道德行为起着更为显著的制约作用。家庭文化培养孩子道德素养和行为方式的途径主要有两条，一是家长的言传身教，二是家庭事件中反复的情景练习。在长期无形的感染与熏陶下,孩子会逐渐接受和认同这种行为约束,并将之内化为自身的品德修养。优秀的家庭文化能够培养出品行兼优的家庭成员,这是健康高尚的家庭动态环境和干净舒适的家庭静态环境所带来的结果。在优秀家庭文化熏陶下成长的孩子,在未来的生活中所持有的道德观念和行为方式,都带有更多积极的力量。第二步是家庭文化的潜在规范性和强制性,从而通过道德外化不断获得外在的客观道德认识和道德行为。因为在孩子小的时候,不适合跟他讲道理,大部分家长都是直接告诉孩子他们能做什么,不能做什么,这就使家庭中成员认可的、无形的规范得以形成。但是,孩子的自律能力很差,有时他们会因为好奇或其他原因做一些父母不允许的事情,然后父母就会采取一些轻微的惩罚措施,以避免孩子的屡教不改,这就使家庭内部的行为规范具备了一定的强制力。这是十分有必要的,人们总是要以特定的角色进入社会中,适应工作、家庭、人际交往等个人未来生活的各个方面。在家庭养成的良好习惯同样也适用于社会生活,孩子们通过模仿父母、遵守家庭规范来学习如何适应社会,在家庭文化中逐渐形成正确的思想和价值观,为适应未来社会打下了坚实的基础。优秀的家庭文化有着明确的目标定位,在其正确观念的指引下,我们能够积极乐观地去奋斗,在进一步认清自己的同时也能看清时代的要求和脚下的道路,把我们的个性与青年人报国兴国的使命紧密结合起来,不断地修身养性,充实与发展自己,筑造梦想,并为之努力奋斗。通过潜移默化的影响和积极的激励作用,家庭文化制约着人的行为,实现了人从"他律"到"自律"的转变。

3. 导向功能

导向功能主要是指家庭文化指导家庭成员形成正确的价值观并做出相应价值选择的功能。在复杂的状况和情形下,价值观能够帮助人们整理思路,进行抉择。正确的价值观包含了诚信、友爱、反思、自律、宽容等众多品质。价值观对人的影响具有主观性和持久性的特点,它只在人们的内心世界中存在,并依赖内心的尺度和力量对事件进行评判。然而,价值观一旦形成,就会对人们产生持久的影响,假如周围环境(如时间、地点、条件)没有太大的变化,价值观就不会轻易改变。家庭文化对人的价值观起着引导作用,通过思想引导和行为示范,使人的道德观念内化为更稳定持久的价值观,并在实践活动中发挥作用。

家庭文化对人们价值观的引导作用,还体现在家庭生活方式、生活作风、生活技能、家庭伦理道德规范等方面,每个家庭的价值追求和理想信念中都贯穿且渗透着这些元素。作为提高家庭成员文化素养的良好途径,优秀的家庭文化可以引导人们坚定正确的理想信念,树立先进的价值观,养成高尚的思想品质及良好的道德情操。人的社会化过程是人与社会的一个双向互动过程。在社会对家庭中的人不断提出新的要求并对其产生影响的同时,人在社会生活中的一些行为也不断影响着社会文化的发展变化。如果家庭文化更倾向于人们对生活目标和价值观的追求,就会吸引对家庭成员的价值观、人生观和世界观的确立和稳定,产生导向作用。以家庭的价值观为核心的家庭文化必然会影响和支配家庭成员的价值取向。对于孩子而言,他们没有权利对出生于什么样的家庭进行选择。换言之,家庭是由父母建立的,父母用自身的文化素养和文化特征,为孩子的出生准备好了其生存的文化环境。在家庭中,年长者特别是父母的价值观念主导着子女的价值取向。随着年龄的增长,孩子的价值观当然也能通过其他渠道获得,比如在与同伴交往中、在参加的社会实践中获得等。在孩子成长的过程中,虽然有的家庭价值观会受到他们的挑战,有的会被他们暂时否定,有的会永远被抛弃,但家庭价值观的核心部分往往深刻地保留在他们的观念中,尽管他们被看作叛逆的青年,也不难找到他们受家庭和父母的思想、观念和行为影响的痕迹。

此外,家族文化对人的影响突出表现在对外部文化的筛选功能上,家庭文化对文化的外部过滤功能有很大影响。家庭文化是一个开放的系统,它与环境之间相互联系、相互作用。每个家庭中的成员都是社会的一员,成年人与社会的联系是不可避免的,就业、交往、消费等必须在社会中进行的活动都促使人们走出家庭,走进社会;孩子虽然在学校及一定的社会范围内活动,但也会受到社会文化的影响。尤其是在大众传媒高度发达的今天,家庭文化更是直接受到社会文化的影响。然而,家庭文化体系一旦形成,它对外部文化的渗透就具有了筛选和过滤的作用。一个家庭的凝聚力、亲和力越强,协调性与稳定度越高,对外部文化的筛选过滤能力也就越强。在对外部文化进行吸收时,家庭文化从家庭既有的生活习惯和价值观念出发,以扬弃为原则,批判地、有选择地对其进行吸收,只是有时是取其精华、去其糟粕,而有时却恰恰相反。假如家庭文化中的价值观是错误的,就很容易受到家庭之外其他不良文化的影响,从而忽视应该提倡的,宣扬应该放弃的。家庭中的许多不良影响抵消了学校和社会的良好教育,这一直是许多教育工作者面临的问题。

家庭文化指引着人的价值观的形成,并逐渐改变着人的动机、行为和生活方式。家庭格调不高的文化不具备充足的对低俗社会文化的“抵御能力”。目前,社会文化发展仍然不平衡,家庭往往出现知识素养和审美能力相对不足的情况。如果用优雅高尚的文化来抵御不良文化的冲击,那么这种效果会发挥得更好。如果家庭文化活动具备积极健康的形式与内容,且全面考虑家庭成员的需要,那么一个全方位、立体化、多渠道的德育环境就能够形成。可以看出，家庭文化既能够陶冶情操、净化心灵，还能以家风、家规、文化传统、价值观念、人际关系等表现出的高度的意识形态，指引家庭成员各方面的发展。

4. 调节功能

调节功能是指家庭文化对家庭成员心理方面的作用与功能，如建立健全的心理素质、陶冶情操、培养健康的心理等。完善人格的第一步就是认识"美"。和谐家庭文化的两个具体表现分别为美好的家庭环境与崇尚美德的心理环境，只有把外在美与内在美结合起来，才能创造和谐的家庭文化，才能将文化教育的张力真正展现出来。

良好的心理素质是个体健康发展的标志。一个人只有具备良好的心理素质，才能成为真正成熟健康的人。家庭、学校和社会三者教育的平台不同，家庭充满了血缘与亲情，家庭文化和家庭教育中蕴含特殊的情感色彩。在这种感情的基础上，家庭成员对"家"具有十分强烈的归属感，这有助于家庭成员间受教育者和教育者和谐关系的形成，故家庭对其成员的心理调控作用是十分有效的。家庭中的人能够以最轻松的心态生活，可以卸下包袱和伪装，用最真实的面貌与家人相处，与家人谈心，抚慰彼此受伤的心灵，调解生活中的各种焦虑，舒缓彼此的压力，共同分享欢乐和幸福，从而提高心理承受能力，养成积极乐观、宽容待人的性格，培养良好的合作意识和健康的心理素质。很多家庭不注重家庭内部情感氛围的建设，导致家庭成员之间思想情感交流不足、缺乏沟通，或者家庭成员之间存在很多不合理的期望和要求，因此，家庭人际关系往往处于对立和摩擦的状态。这样的家庭往往会使其家庭成员背负很大的压力，导致其成员更容易患上心理和精神疾病。和谐的家庭文化有助于家庭成员良好素质的形成。和谐融洽的家庭文化生活，有利于丰富人的情感与精神生活，为其带来快乐与欢愉，让人在紧张的学习与工作之余，感受到身心的愉悦、情绪的高涨和活力。此外，家庭文化可以通过创造始终如一的家庭精神来消除或减少家庭成员之间的心理和情感冲突，从而使家庭成员之间形成和谐融洽的关系，培养家庭成员优良的个人素质，保持其健康的心理状态。同时，也可以帮助家庭成员培养审美情趣。艺术和审美能够使人正确地表达情感，缓解压力和抑郁，达到心理平衡。从心理学角度出发，审美情感能够让人感到快乐舒适，且可以放松全身，将身体功能调整到最佳状态，有利于促进体内各种有益激素的分泌，消除身心疲劳和外界物质干扰，从而增进健康。另外，家庭文化艺术活动也是培养家庭成员审美情趣的主要手段。它以其具体、写实、生动的艺术形象，为家庭成员感受美、创造美、享受美提供良好的环境,激发人们的审美情趣。

家庭的文化功能表明,构建和谐家庭文化对优化家庭成员的生存环境、改善和提高家庭生活质量、提高家庭成员的综合素质具有重要作用。家庭成员的文化素质、积极向上的生活态度、健康的消费观念和高尚的精神追求是家庭文化建设中不可或缺的要素。家庭文化可以引导家庭成员树立远大的志向和信念,为他们提供奋斗的方向和不竭的动力,帮助人们抵制一切愚昧、落后和腐朽的生活方式,有助于净化社会的文化环境,推动社会风气的根本好转,推进社会主义精神文明建设。家庭文化的社会性功能和个体性功能表明,和谐家庭文化关系到家庭成员的融合、家庭生活方式和生活环境的优化、家庭生活质量的提高与改善、家庭成员综合素质的构建和家庭作用的成功发挥。

第三节　家庭文化视野下大学生德育的路径选择

一、树立正确的家庭文化价值观

树立正确的家庭文化观念的实质是使家庭成员持有正确的价值观,尤其是使儿童树立正确的世界观、人生观和价值观,包括父亲对孩子责任感的教育和母亲对孩子善良美德的教育。家庭能增强子女的个性、习惯、知识等的发展,营造积极的主流文化氛围,指导或约束家庭成员的行为。以文化为重心建立起来的价值观体系,是对德行的培养,是对智慧的启蒙,是对人性的修养,是对诚信的培育,是对气质的修炼,是对勇敢的铸就。这些文化要素,促成了子女生存与发展能力的提升,以家庭的核心理念为主要形式,形成了家庭文化的育人链。

(一)明确家庭文化价值的内核

构建和谐家庭文化,充分发挥家庭文化的道德教育功能,就必须从加强家庭文化的核心价值观开始,丰富家庭文化内涵,继承和发展传统文化,适当地吸收外国文化合理的成分,排斥不合理的成分,促进家庭文化发展,强调对责任和法律意识的培养,以及对家庭成员马克思主义科学价值观的培养。

作为一个现实的社会人,我们必须具有责任感、使命感,这是人密切联系社会的现实条件。因此,在家庭文化建设中,我们应该确定一个合理的政治方向,坚持正确的价值观,这就要求我们提升自己识别和选择的能力。家庭文化的核心价值观既注重发挥个人价值的实现功能,也注重在利益冲突的情况下处理个人利益和集体利益的关系,使个人将集体利益放在首位。当前,是我国进行发展和改革的关键时期,受外来文化和新思想、新观念的影响,先进的或腐朽的、积极的或颓废的、纯洁的或低俗的,这些思想混合交织在一起,难以明辨。此时,家庭文化建设的首要任务就是树立正确的价值观,引导每一名家庭成员分辨对与错,使他们能够自觉地抵制错误观念和落后思想,充分发挥家庭文化的德育功能,提升个体的道德水平。坚持以社会主义核心价值观引领家庭文化,弘扬传统家庭美德,尤其要注意年轻一代的个人道德修养的特殊重要性。对于和谐社会的构建,必须强调和把握家庭文化功能的发挥和对人的精神引领,造就出具有社会责任感的人才比造就才能出众品德低下的人更重要。追踪社会由家庭构成的起源,追寻家庭与人的结构关系,我们可以看出,无论是一个幸福的家庭还是文明的社会,通过人的高尚的品德素质能够建立和谐的家庭文化,以社会主义核心价值体系作为家庭文化的精神内核,能使家庭文化发挥其应有的功能,为个人创造良好的成长环境,提高人们的道德素质和综合素质,以满足个人的发展需要和人才需求。

平等、民主、和谐是家庭文化价值的内核。作为精神理念的家庭关系,包含夫妻关系、亲子关系、代际关系、邻里关系等家庭内部和外部关系。家庭内部关系的主体和核心为夫妻关系,和谐的夫妻关系是家庭稳定的基础,也是两性平等和社会进步的重要体现。此外,代际关系也是家庭内部关系的重要组成部分,主要是指尊重和赡养老人,抚养和教育子女。家庭外部关系是家庭参与社会生活的基本外部环境,主要指邻里关系。邻里之间的团结和睦是处理好邻里关系的基本精神内核。我们可以从这些关系中看出,不管是家庭关系还是邻里关系的处理,尊重人格和尊严平等都是一个首要的原则。一切大爱的背后,都有一颗宽广的心,让家庭和谐、邻里和睦,营造良好的氛围和环境,促进家庭成员的发展。因此,有必要在家庭文化建设中灌输民主、平等、和睦的基本理念,为实现家庭文化功能奠定思想基础。此外,在家庭文化建设中,要注重家庭伦理道德规范,特别是青少年道德素质的培养,打造家庭积极阳光的精神风尚和健康文明的生活方式。经济发展和改革开放是加快我国经济社会发展的重要手段,同时,也推动了传统社会向现代社会的转型,这种变化在家庭生活中有着突出的表现,且引发了家庭成员情感冷漠、血缘关系破裂、婚姻危机等一系列共同关注的家庭问题与社区问题。家庭文化建设在这样的背景之下,更迫切需要强调对家庭和谐的追求。无论是家庭美德具体规范的制定,还是一系列不同主题的家庭娱乐活动,其目标都应该是营造和谐文化,落实科学的家庭生活方式,创建民主、平等、和谐、温馨的家庭环境。

(二)确立家庭文化建设的原则

为确保家庭文化作用的充分发挥,家庭文化必须继承中国优秀传统文化的精华,同时与时俱进,保持文化的时代特征和社会特征,与社会发展相适应。在家庭文化中,我们尤其注重培养个人的责任感,但也决不能忽视家庭对整个社会的责任。因此,家庭文化建设应遵循两个原则:一是继承传统文化精髓,坚持优秀传统文化与现代家庭文化相结合的原则;二是创造性地发展家庭文化,贯彻家庭文化适应时代变化的原则。

文化以历史为根基,是历史的产物,正是这个原因,作为上层建筑的文化才会有一种厚重的感觉,而不是一种没有积累的肤浅的意识形态。在建设和谐家庭文化的过程中,必须要吸收中国优秀传统文化的精华,对传统文化的精髓进行继承和发扬,并结合现代家庭结构的变化,协调现代家庭文化的发展,丰富现代家庭文化的内涵、内容与方法。中华民族的历史源远流长,共有五千多年的历史,只要我们认真寻找、善于发现,和谐家庭文化的构建就有用之不竭的资源,一般来说,主要表现为注重家庭亲情、关爱老人和儿童、同情弱者、家庭成员之间相互关心与相互支持等。对这些优秀的道德观念和教育方法的继承与发展,有利于当代家庭亲情淡漠的现状得到改善,从而维护家庭的完整、稳定与团结。实际上,封建、落后的思想客观存在于我国传统文化中,但我们不应该因此抛弃全部的传统文化。我们应该了解到,尽管传统文化对当今时代而言具有一定的滞后性,但传统文化是在数不清的先人的实践的基础上得到改善的宝贵经验,我们应以扬弃为原则,对其进行批判的继承,取其精华、去其糟粕,合理吸收传统家庭文化的优秀部分,并将其运用到现代家庭文化的发展中去。

家庭这所学校的特殊性主要在于其会对人的一生产生影响,人们在家庭中获得的道德素质教育和道德素质塑造是人们应对世界的最基本途径。一个社会是否和谐,一个国家能否实现长治久安,很大程度上取决于全体社会成员的思想道德素质。即家庭成员思想道德素质的培养与社会的和谐与发展有着直接而紧密的联系。在家庭文化建设过程中,必须注入时代特征,运用当今的科学精神和哲学思维对家庭文化进行武装。我们不应忘记家庭的社会责任,应大力弘扬家庭美德,奠定和谐家庭文化的思想基础,进而促进社会进步。此外,要充分发挥家庭文化的德育功能,使之能够满足家庭成员的物质文化与精神文化需求,必须把家庭文化、时代发展、社会需要三者结合起来,建设良好的家庭文化,用和谐的理念丰富家庭文化,教育和引导家庭成员培养自身的道德素质,明确自己的政治立场,确立人生理想和信仰,促进家庭内部的民主平等,培养家庭成员积极的价值追求和健康文明的生活情趣,充分发挥家庭文化的道德潜能,提高家庭整体素质,为时代发展和社会和谐提供不竭动力。

(三)营造良好的家庭文化环境

环境心理学家指出,人类行为与环境相互关联、相互作用的。人作为塑造环境的主体,同时也受到环境的影响,人类行为对环境具有一定的引导和约束作用。环境是家庭文化建设的物质载体,是精神文化和家庭规范建设的基础和保证,家庭成员的思想品德和行为习惯也是在环境中形成的。为了最大限度地发挥家庭文化的德育功能,必须营造良好的家庭环境。在家庭中,不管是花草、动物、家居风格,还是有趣的摆设和手工艺品,都要从审美的角度进行精心策划,从而深刻挖掘其教育功能,让家中所有的物品都能"说话",创造出全面立体的道德教育建设。在家庭的物质文化建设过程中,要突出人文精神,在家庭精神文化的德育理念的指引下设计和安排孩子的培养目标,合理规划家庭的装修风格和设施布局,追求教育功能与美的结合,在使人感到舒适、整洁、朴素、美丽的同时,还有助于我们陶冶情操、启迪思想、发展智力。这是真正和谐的生活环境,具有净化心灵、提高品位、丰富思想的作用,为家庭文化发挥其德育功能打下了坚实的物质基础。

良好家庭文化环境的形成脱离不了家庭文化活动。家庭文化活动的开展与进行,有利于将家庭成员之间的关爱完全展现出来,促进成员相互之间的理解、信任与宽容。然而,仅仅注重家庭文化活动是远远不够的,我们还应当认真看待,并促进其创新发展,如果家庭文化活动一直保持不变,不仅会影响其功能的发挥,还会让人感到厌烦。因此,家庭文化的创新发展是家庭文化建设的关键环节。我们可以积极开展家庭体育活动、阅读活动,适当组织游玩活动,举办有意义的生日会等,致力于营造充满爱和责任感的家庭文化氛围,促进家庭成员的相互关爱和情感和谐。

虽然家庭是我们生活中最随意、最放松的地方,但在每个家庭中无形的家庭规范公约的存在还是很有必要的,此公约作为家庭成员一致认可的家庭生活行为准则和规范,反映了家庭主要管理理念和家庭经营模式。构建和谐的家庭文化,养成家庭成员良好的道德品质与行为,仅靠理性和情感的教育模式是远远不够的,必须通过家庭内外各主要因素的共同努力与推动,且要依靠必要的规范性补充,将长效的管理机制在家庭中建立起来。通过家庭规范合约,可以将家庭倡导和认可的价值观和道德规范传递给全部家庭成员,引导成员自觉遵守家庭道德规范,并将其内化为自己的道德行为准则。因此,家庭文化的塑造者必须树立正确的价值观,胸怀"大爱",有责任感,与时俱进,深入研究时代发展特点和国家发展状况,民主平等地听取其他家庭成员的意见,创造性地建设或者修改家庭规范合约,充分发挥家庭文化的德育功能,做好家庭规范这项家庭文化建设的基础性工作,落实和谐家庭文化建设。

二、搭建家庭教育学习与传播平台

大学生家庭教育是家庭成员之间相互教育、相互影响的过程。注重大学生家庭教育,让家长认识到家庭教育的意义和重要性,主动接受家庭教育科学知识、方法和技能的熏陶和培训,也使大学生结合自己的家庭教育经历,对自己及父母有更进一步的认识与了解。

(一)丰富家庭教育理论

教育对象、教育内容、教育形式是划分教育类型的一般标准。一般教育类型主要有家庭教育、学校教育和社会教育三种。从教育的起源来看,家庭的产生比学校和社会早,所以家庭教育也先于学校教育和社会教育。与家庭教育和社会教育相比,学校教育具有专业化、正规化的特征,因此,它对人的发展起着重要的作用。而由于家庭教育和社会教育正规划的缺乏,它们的影响与作用在人的发展过程中并没有受到应有的重视。虽然学校教育和社会教育在人成长的过程中也发挥着重要作用,在很多方面对人的性格、习惯、思想都有或多或少的影响,但是家庭教育仍然是所有教育的基础。因此,我们需要对家庭教育所具有的意义以及它对社会发展所起的作用重新进行考虑。实际上,从大学生的角度出发,家庭教育在很多方面都有着不同寻常的影响,比如正确认识人和事物,形成高尚的道德情操,养成良好的文明习惯,等等,家庭教育是父母关爱孩子的产物。高校要注重发挥大学生家庭教育的作用,使其成为社会和学校教育的坚强后盾和有益补充。

近些年来,大学生家庭教育实践活动虽然逐渐受到重视,但仍缺乏科学的理论指导。因此,关键在于丰富家庭教育的理论基础,只有这样,家长才能从理论层面对家庭教育的重要性有一个更深入的认识,进而明确自己的责任,并在实际教育孩子的过程中有意识地积累教育经验,从而教育孩子才能有更充分的心理准备。在教育方面,我们可以制订合理的计划,冷静地面对家庭教育带来的生活压力。大学生德育工作者在对学生进行教育时,不能局限于学校本身的范围,而应充分运用周边资源实施教育活动。我们生活在一个信息化的时代,社交网站、微博、微信等各种社交媒体的流行与发展对大学生的方方面面都产生了影响,然而,有效的社会监督机制还没有建立起来,媒体对大学生消极的影响令人担忧。当前,新旧价值观的矛盾和外部多元化的冲击,对大学生的思想观念产生了很大的影响,如何做好新时期的学生教育工作已成为新的挑战。

高校思想政治教育工作者要对家庭教育的科学知识和实施方法有一个基本的了解,他们可以利用高校丰富便捷的资源,开阔视野,深入研究理论体系,思考其内涵、方法和前景,从而丰富家庭教育的理论基础。在理论研究方面,台湾地区有比较完备的研究机构和大量的专业研究人员,大部分研究人员都有海外留学的经历,接受过系统的研究方法和技术的培训,能够综合运用多种研究方法研究家庭教育理论。我们应该学习这些经验和理论,双方通过高校教育与家庭教育的沟通机制相互沟通与交流。这样,大学生家长就可以掌握更多家庭教育的理论基础,对自己在教育中的重要性有一个充分的认识,进而具备正确实施家庭教育、积极配合学校教育的知识和能力。

(二)引导学生理性接受家庭教育

学校是系统教育人、培养人的主要机构,拥有较先进的教育理念、教育方法与教育途径,但这些方面的优势反而导致一些学校容易处于高高在上的教育圣坛,从而忽视引导学生理性接受家庭教育,浪费宝贵的资源。大学生虽然离开家乡在外求学,但家长和孩子仍然可以通过现代化的交流手段保持紧密联系,进而帮助大学生解决生活和学习上的难题。众所周知,大学生能否与家庭和谐相处,决定着家庭教育功能的发挥程度。当今社会,众多大学生在社会不良风气的影响下滋生了叛逆心理,很长时间不与家长交流与联系,导致与父母之间的关系变得十分僵硬,从而使大学生家庭教育的作用无法发挥,不能产生实际效果。学校教育作为知识传递的场所,就是通过系统的、科学的方法,把人类文明的优秀成果传递给下一代,然而,只有学校德育工作者能够掌握这种方法,家长和大部分社会成员无法完成,这种学校职能的窄化现象,导致学校没有充分重视家庭教育对大学生的影响,也忽视了对大学生理性接受家庭教育的指导。

在现代社会中,学校的功能不仅是知识传递的工具,学校的教学模式已经发生了重大变化。本着以学生为本的理念,学校越发重视对学生的全面教育和引导,注重学生自身的发展。因此,仅依靠学校的力量和其单方面的作用是不可能完成这样的任务的,这就要求学校以开放的心态充分重视家庭教育的功能,且积极引导学生理性接受家庭教育。首先,学校要放下高高在上的姿态,主动走进家庭与学生,对学生的个性及其家庭情况进行了解,进而拉近彼此之间的距离。高校应积极与家庭进行交流与沟通,促使其教育更加系统化、规范化。其次,在学校与家庭沟通过程中,学校要引导家长有效发挥自身优势,帮助家长有目的地进行家庭教育,引导家长整合家庭资源,"因地制宜"开展家庭教育。

三、协调好家庭内部的各种关系

(一)夫妻关系

在家庭内部的各种关系中,夫妻关系是最基础的关系,男女夫妻的结成是一个新家庭诞生的标志,和谐的夫妻关系是家庭和谐的关键。首先,夫妻彼此之间要忠于爱情,然后要相互理解、体谅、信任、安慰、鼓励。"相敬如宾"是我国传统文化中关于和谐夫妻关系的最著名的论述,在当代社会,此论述并没有过时,但却略显死板与僵硬。我们理解"相敬如宾"的精神与内涵,它是指尊重对方的人格尊严,不对彼此的心灵、情感和一定的自由意志造成伤害,使双方处于平等、民主、适当距离的相互尊重关系中,但同时,我们不能忽视喜怒哀乐的表达,也不能忽视夫妻之间的情感交融,因为夫妻之间的关系应该建立在彼此相爱的基础之上。

对夫妻关系进行协调,需要对以下几点予以注意:第一,夫妻之间应当相互尊重,夫妻双方是平等的,任何一方都不应该认为自己比对方优越而想凌驾于另一方之上,只有爱和宽容才是夫妻间永恒的主题。第二,要相互理解和宽容,学会欣赏和赞美对方,世界上不存在完美的人,每个人都有优点和缺点,在与别人相处的过程中,我们不应只看到别人的缺陷与不足,尤其是夫妻之间,应多看到对方的优点与长处,忽略对方的缺点,从不同的角度去认识问题,用宽大的胸怀去包容对方。第三,双方要相互信任,维持夫妻正常关系的基本要素就是信任,既要信任对方,也要相信自己的眼光,除非有确凿的证据,无谓的猜疑只会伤到对方的心。第四,夫妻双方应相互体贴,夫妻是要携手走完一生的,应多照顾对方,多为对方着想,只有这样,才能执手到老,收获幸福的婚姻,而自私、只在乎自己感受的感情是经不起风雨的,即使能一起走到最后,也不会是幸福而满足的婚姻。

和谐的夫妻关系可以营造幸福的家庭氛围,使人身心愉悦,能够使家庭中的每个成员放松精神、陶冶情操,促进其进步与发展,特别是对下一代心理健康的培养起着十分重要的作用。父母关系和睦,孩子也可以获得科学的家庭认知和观念,否则很容易导致偏激、易怒、暴力等不健康的心理的产生。

（二）亲子关系

父母与子女之间的关系是家庭关系最主要的组成部分,其中,亲子关系主要包括现在所处家庭中父母与子女的关系以及之前的原生家庭中父母与子女的关系,不管是什么样的亲子关系,父母都要千方百计照顾下一代,正确地引导他们,关注他们的成长和成功,并在学习、情感、愿望等生活的方方面面给予他们帮助。为适应孩子发展的需要,应采用科学的方法和教育手段,培养其良好的素质和心理状态。平等、互助、民主、和谐的家庭文化环境能更好地履行德育的责任和义务。

和谐的亲子关系会对孩子的三个主要方面造成影响,分别为语言表达能力、性格的形成和人际关系技巧及能力。从家庭教养中,特别是在母亲的引导和沟通下,孩子的语言能力得到了发展。如果一个家庭关系冷漠,成员之间很少对话,那么就容易导致孩子的语言能力发展相对缓慢甚至患上口吃等疾病。另一个因素是,一般情况下,口吃儿童的家庭关系相当不平衡,父母和亲属关系紧张,进而对孩子的语言发展造成了影响,甚至还会导致孩子的人格缺陷或神经系统疾病,使孩子长期处于紧张易怒的情绪中,从而导致精神障碍,引发青少年犯罪等问题。此外,紧张、冷漠的家庭关系也会对孩子的人际交往能力产生较大的影响,容易导致孩子不信任他人,形成孤僻、冷傲的性格,害怕与他人交流与沟通,对其成年后走向社会建立良好的交际圈造成了阻碍。相反,和谐美好的家庭能让人感受到家的温暖,体会到家人之间爱与被爱的感觉以及被需要的幸福感和满足感,为孩子与他人和谐关系的建立打下了基础。

父母在处理与子女之间的感情时,必须避免采取极端的方式。一方面,不能溺爱孩子,要运用理智的情感去爱和教育孩子,要认识到溺爱对孩子来说是没有好处的。在我国,大部分父母尤其是典型的中国式父母,往往将过多的精力放在子女身上,并把家庭教育的目标和重点放在教育孩子听话和考入理想大学上,这并不利于孩子个性的发展,也给德育工作的开展造成了阻碍,这是对亲子关系的错误认知所导致的结果。另一方面,关爱孩子,加强与孩子间的沟通与交流,在确保家长一定威严性的前提下,给孩子充分的爱,做孩子的良师益友,促使孩子享受家庭生活,并在爱的围绕中完善和超越自我。和谐的亲子关系是父母和子女共同努力的结果,然而,说到底还是要从父母做起,走进孩子的内心世界,适当鼓励和引导孩子,成为值得信赖和尊敬的家长。

（三）其他亲属关系

成年夫妻不仅有抚养教育子女的义务，也有赡养原生家庭父母的责任。他们与自己的兄弟姐妹等其他亲属相互尊重、相亲相爱、互相帮助、和谐相处。自古以来，"孝"就是我们家庭文化永恒的焦点，尊老是中华民族的传统美德，不管时代如何变换，经济和社会如何变迁，我们都不会忘怀父母养育我们长大的恩情，这既是我国传统文化的精髓，也是现代家庭文化精神内核的重要组成部分。作为家庭关系中的一个重要分支，家庭中的其他亲属关系也对家庭文化的和谐程度产生着间接影响。如果兄弟姐妹和其他亲属能够多一些理解，少一些计较，做到互相爱护、互相尊重、互相帮助、和睦相处，将有利于家庭的团结和社会的稳定。

家庭文化反映了家庭成员对生活的感知、对责任的履行和对社会的认识，家庭和谐需要所有家庭成员的共同努力，追求积极的精神面貌、健康的生活方式、先进的理念以及共同的理想。和谐家庭的创造并不是一蹴而就的，需要一个循序渐进的过程，它需要爱来经营，既要具备一定的耐心与毅力，也需要相互之间的宽容与理解。

四、发挥社会育人功能

（一）构建学习型家庭

父母需要和孩子共同成长，这几乎已经成为学术界和实践领域中的共识。要想提高自己的教育能力和教育水平，家长首先就要有清醒的认识，认清自身的缺陷。目前，以"怎么办""为什么"等为主题的家庭教育指导书大量出现在图书市场。由此可见，家长教育能力的培养和发展需要不断学习。习总书记指出，要努力发展全民教育、终身教育，建设学习型社会，努力让每个孩子享有受教育的机会，努力让13亿人民享有更好更公平的教育。北京师范大学厉以贤教授认为，学习型家庭以现代家庭为基础，确立终身学习的目标，通过家庭成员的共同参与，实现有目的、有导向的学习。在这个过程中，成员之间能够相互交流经验与心得，同时与家庭共同成长的新型家庭形态逐渐形成。加强和监督孩子的思想道德教育是家庭教育的主要组成部分，此项工作的进行既需要家庭自身的努力，也需要依靠全社会的共同推进。保障学习型家庭建设，就要确保家庭教育的连续性和稳定性，将长效工作机制建立起来，完善保障体系，积极构建家庭教育、学校教育、社会教育三位一体的工作模式，促进我国教育事业的发展。首先，要建设管理机构，完善工作制度。社会组织要以现有协调机构为基础,建立健全家庭教育协调机构,加强各部门之间的交流与沟通,并与有关教育部门一起承担引导和加强家庭教育的任务。其次,整合各方资源。充分利用社会的工作平台及学校、图书馆等教育资源,营造良好的学习氛围,将有用的学习资源和学习方法提供给家长。要整合宣传工作资源,通过不同时期的宣传主题,充分利用各种宣传舆论阵地,形成宣传工作合力,传播建设学习型家庭的重要性和紧迫性。要整合活动资源,主动与高校、社区联系,加快各项活动相互融合的进程。此外,学校、社区、群众团体、科研院等专门机构组织的教育培训项目有利于更好地提高家长的思想道德素质。同时,在市场化经营理念的指引下,一些社会指导机构也为家长提供了相应的教育产品,随着时间的推移,它将成为家长教育能力指导中不容忽视的力量。

如今,随着科学技术的飞速发展和物质需求的不断增加,社会对人才的需求也在逐步提高。对于当代大学生来说,知识和学历已经成为进入社会不可缺少的一张通行证。因此,在当前网络时代兴盛、知识的全球化和普及化的大背景下,我们需要投入更多的时间与精力,师生之间的学习交流、家庭成员之间的经验互动成为现代生活发展的必然趋势。为了让人们更好地了解建设学习型家庭的过程,作为三大教育领域之一的高校也应该帮助社会充分发挥自己的作用,高校教育和有组织的社会教育之间存在统一性,稳定的组织和良好的教育团队是两者的共同特征。面对建设学习型家庭的社会任务,高校也承担着引导、协调、整合甚至改造的功能。

(二)发挥社会媒体的导向作用

社会教育是学校教育的补充,不同制度的国家有不同的社会教育,其含义有广义和狭义之分。广义上的社会教育主要是指除学校教育、家庭教育外,有针对性、有组织、有计划的教育活动,以及所有社会活动对人们的身心产生实际教育结果的影响。从狭义上看,社会教育则是指社会文化组织或社会团体组织有目的地对其成员进行的教育活动。如今,众多高校思想政治教育工作者和学生家长已将注意力转向从学校、家庭组织以外的力量中获取教育经验,基于熟人社会的面对面人际交往逐渐转变为非面对面人际交往的趋势越发明显,通过新兴媒介,人们获得了有用的信息,且在使用这些媒介的同时也受到了其潜移默化的影响。

目前,基于其原有功能,社交媒体已逐渐演变成一种能够影响人们日常生活、消费娱乐、个性偏好、政治导向等多方面的力量,人们对它的依赖性越来越强。首先,媒体自身的快速发展,从基本的信息传播到娱乐、文化、政治的引导,导致大众和社会对其的依赖程度越来越深;此外,社交媒体的影响力逐渐增强,媒体遍布当今社会和世界的每一个角落。媒体之所以能够影响和改变人们的生活,主要是因为它可以通过我们认知世界的渠道,改变我们的思维方式,改变我们的观念,进而对社会产生影响。

社交媒体担负着宣传、教育、动员群众的责任,不仅要营造良好的社会氛围,提供健康的精神食粮,还要进行科学的行为习惯和道德风向的倡导。此外,媒体传播的信息和舆论对思想政治教育以及道德、观念和价值取向都有很大的影响。在当今社会,高校学生在学习生活中往往与社会的实际接触不多,而主要通过网络媒体了解和获取社会相关信息。随着网络的普及与发展,网络媒体已逐渐成为社交媒体的主流。威尔伯·施拉姆施是美国的一位传播学博士,他曾这样对美国人的生活与媒介的联系进行概括:处于清醒状态的一天中,美国人与媒体交流的时间大约占据全部时间的四分之一,而且这个比例还在不断扩大。

随着我国社会的发展和科技的进步,社会媒体的引导作用在高校充分发挥社会教育的作用、加强对大学生的思想政治教育方面发挥着越来越重要的作用,甚至成为其必要条件。例如,广播、电视、互联网等大众传媒的出现,极大地促进了学生知识的获取和掌握。新时期的大学生可以通过媒体获得新的知识,跟上社会发展的进程。此外,媒体倡导和宣传的正能量可以帮助学生消除保守思想,培养学生积极进取的开放观念。高校可以筛选、整理一些社交媒体的新闻,并将其投放在学校主页上,向学生开放,有意识地引导学生,使其在接触社会信息时也能受到主流社会价值观的影响。一方面,通过社交媒体,学生可以扩大社会关系的范围,锻炼社交技能;另一方面,社交媒体的介入也可以方便学生和教师有更多的交流平台,为学生的培养和教育提供了更广阔的空间。

(三)挖掘社会实践育人功能

如今,越来越多的学校重视社会实践活动的开展。如果高校仅仅从理论层面对大学生进行培养与教育,则会使大学生对社会的了解与接触过少,进而导致很多学生毕业后无法适应社会,与社会脱节。因此,大部分高校在设置课程时,在学生培养计划中加入社会实践,使大学生在大学期间,有机会走入社会参加实践活动,可以走进农村、社会区、企业等地,结合自己的理论知识与实践,亲身感受知识的运用对自我修养和自我完善的重要作用。

在高校中开展的学习习近平总书记重要讲话课程,使学生对新时代的需要有了一个基本的了解,认识到每个人都要继承和发扬中华民族的传统美德,坚持不懈地追求自己的目标,为民族的伟大复兴而奋斗。除了开设这样的课程,在发掘社会实践的教育功能方面,许多高校有了自己的思路和实施方法。以作者所在高校为例,学校以"捐髓救人"的某某教师名字命名,成立了青年志愿者协会,用身边的人、身边的故事吸引同学们加入志愿者的行列,通过一系列的志愿服务活动让学生走出校园,进入社会,通过各类实践活动,让同学体会"奉献、友爱、互助、进步"的志愿精神。

在新时期,大学生也有了新的责任和使命。今天的大学生虽然基本上都是"90后""00后",但他们爱表现个性、思维活跃,具有年轻人的朝气和热血。高校在与家庭联系的同时,也要逐渐将工作重心公款向社会,把实践在育人中的重要作用充分挖掘出来,使学生不仅能从理论层面得到教育,并将弘扬爱国主义精神和服务精神的口号贯彻落实到实际生活中。大学生作为一个集体,人数众多,故对大学生的教育和引导不能一概而论。为了激发青年人的积极性,高校在培养学生的过程中,要更加重视传、帮、带工作的开展,培养和引导积极进取的大学生,进而利用这部分先进大学生,为其他的学生树立模范和榜样。共青团中央历来高度重视大学生志愿服务工作,因此,弘扬青年志愿者精神,形成独特的志愿服务社会功能是高校的目标。要深入挖掘社会实践的教育功能,利用大学生的独特优势,开展"善行一百""暖冬活动""走进敬老院"等多种活动,使他们在实践中接受教育,激发他们的责任感、荣誉感与成就感。

第六章 大众文化与大学生德育创新

大众文化是工业社会背景下伴随着现代城市的发展而产生的一种文化形态。它以大众传媒为手段,依据市场经济规律,以商品的形式运作,以使大众获得日常的愉快体验为目的。大众文化的繁荣和发展在对大学生的思想和行为产生影响的同时,也在一定程度上冲击着主流文化,消解着德育的作用和教育效果,给大学生德育带来了前所未有的挑战。本章主要对大众文化与大学生德育创新进行研究,在对大众文化进行总性论述的基础上,系统阐述了大众文化对大学生德育的影响、大众文化视野下的大学生德育创新思考等内容。

第一节 大众文化概述

一、大众文化的内涵阐释

(一)大众文化的界定

当今世界,大众文化改变着我们的生活,深刻地影响着我们的思想和行为。大众文化的兴起和迅速发展已是不争的事实。

什么是大众文化?无论是在西方还是在中国,它都是一个模棱两可的概念,对于它的界定也很复杂。在中国,"大众文化"这个概念是从西方移植过来的,是一个外来的产物。"大众文化"与英语中的 "mass culture"和"popular culture"两个概念相对应。然而,对于大众文化的表述究竟采用两个概念中的哪一个却存在一定的争议。

20 世纪 40 年代,德国法兰克福学派的著名代表人物霍克海默在写给洛文塔尔的信中首次提出"mass culture"。他指出,资本主义生产条件下的大众文化,已经成为一种对个人和社会群体有很大控制力的"文化工业"。阿多诺认为,文化工业大批量地对千篇一律的文化产品进行生产,最终会导致创作个性的泯灭。法兰克福学派的理论家对大众文化持批判和否定的态度,认为大众文化具有商业化和模式化的特点,在否定个性的存在的同时,也会欺骗和操纵大众。mass一词与汉语语境不同,在英语语境中含有贬义,指人时是"大众"和"群众"的含义,它是给下层阶级和缺乏教养的人起的名字。大众暗指一个未分化的集群,甚至指的是乌合之众。因此,大众文化是一个没有文化的群体,具有明显的歧视性。可见,"mass culture"一词往往是对大众文化否定性的判断,带有明显的贬义色彩。

此外,也有学者对mass这个具有歧视性的词表示不满。英国文化学者威廉姆斯用"popular culture"的概念来肯定甚至赞美大众文化。他认为,"popular culture"这一概念具有一切好的特质和积极因素它是一种人们喜欢和信任的文化。后来的伯明翰学派也认同和提倡这种说法。"popular culture"这个概念在这里是一个中性词,甚至更多地带有褒义色彩。

这两种表达方式各有其合理性,在实际运用中往往相互交叉渗透,也说明了大众文化具有极其丰富和复杂的内涵。大众文化在我国是一个地道的外来产品。王一川认为,大众文化是以大众传媒为手段,按商业规律运作,旨在使普通市民获得日常感性愉悦的过程,它包括畅销书、流行音乐、电视剧、电影和广告等多种形态。宫承波则认为,大众文化就是工业化、城市化、市场化的社会中普通民众的一种生活方式。

从他们对大众文化的定义可以看出:其一,大众文化是一个特定的历史范畴,是伴随着工业化、城市化而产生的一种文化形态;其二,大众文化以大众传媒为主要传播手段,按照市场经济规律运行;其三,大众文化主要的消费对象为普通民众,旨在使他们从中获得感性愉悦;其四,大众文化成为一种生活方式,已融入普通民众的日常生活。

(二)大众文化的性质

市场条件下的大众文化主要是一种俗市的文化。俗市的大众文化是独特的领域,它与传统文化、现代文化、东方文化、西方文化有着千丝万缕的联系,然而又不存在谱系关系,大众文化并非直接源于其中的某种文化形态。因为它是市场经济的伴生物,它所遵循的就是市场规则,它以新奇、刺激、欲望作为主要特征。大众文化的最终目的离不开商业利益,同时遵循有效需求论的规则。因此,大众文化在多样的文化生态中就显示了自身的特性,最突出的有以下几点。

1. 商业营利性

大众文化的生产是一种商业行为,其目的就是赚钱,它并不直接承载为政治作宣传的使命。大众文化的生产需要投入大量的资本,因此应当受到资本的制约,遵循资本必须赢利的规律,努力使投资者通过大众对大众文化产品的消费获得尽可能多的利润。比如近些年来引进中国的大片,都以追求巨大利润为目的,以高科技为手段,以煽情的方法来渲染故事情节,从而获得商业的成功。可以说,大众文化的一个内在目的就是商业营利性。

从大众文化的运作方式角度来看,大众文化的发展运作是遵循市场经济规律的。市场经济的规律是什么好卖就卖什么,文化产品也是如此。大众文化通过市场化的运作大量地直接地进入受众的生活之中,从而不同于通过政治途径强制传递给受众的主导文化,也不同于通过学术途径在学术精英之间传播再通过精英渗透到社会大众的精英文化。按照市场供求规律,大众文化在生产时就必须把社会大众的文化需求考虑在内,大众的文化需求是大众文化发展的基本动力。此外,大众文化也充满了商业化的内容。与商品一样,大众文化产品在进入大众消费之前,也要经过商业包装、宣传、广告等环节,进而扩大这些大众文化产品内容的诱惑力,激发公众的消费欲望。人们在消费大众文化产品、参与大众文化活动时,总是受到广告的刺激和诱惑。实际上,商品拜物教精神在某种程度上已经渗透到大众文化的生产、流通、消费的整个过程之中。

2. 娱乐消遣性

大众文化的生产和消费表现出对大众"享乐动机"的直接认同。丹尼尔·贝尔曾借麦克唐纳的话说:"大众文化的花招很简单——就是尽一切办法让大伙高兴。""游戏、游艺、运动和艺术的消遣,帮人们从常规中解放出来,消除文化生活的紧张与拘束。即以此而言,这一方面的文化已有了它的功能,使人在娱乐之余,能将精神重振起来,再有余力去负担文化的工作。"大众文化产品常借助大众喜闻乐见的形式出现,其轻松而浅显的娱乐消遣形式是社会大众易于接受的。由于市场竞争日趋激烈,人们面临的压力越来越大。与快节奏、日益紧张的生活相比,大众文化的轻松愉悦是一种调适,它的那种肯定享乐而远离崇高的本质对社会大众来说也是一种放松。因此,人们往往以消遣娱乐为目的接纳大众文化,而不是为了某种政治目的或追求理想。

　　为了迎合大众的文化需求,大众文化把快乐作为宗旨,以搞笑、逗乐和寻求感官刺激为主要表现形式。大众文化往往制造各种氛围来使人们得到感官上的满足和心理上的平衡,从而实现娱乐大众的目的。在快乐原则的指导下,大众文化的生产和消费的指向在于刺激消费者的视觉神经和听觉神经,以引起兴奋等各种反应,从而得到麻醉式的替代性满足。虽然这种大众文化的娱乐消遣性迎合了大众的文化品位,在某些方面也满足了大众的文化需求,但正是因为这个原因,大众文化也引发了各种负面问题,如它所宣扬的消费主义和享乐主义的价值观,就可能会引发很多社会问题。

3.日常生活性

　　日常生活是社会大众生活实践的重要内容。日常生活是以个人的家庭、天然共同体等直接环境为基本寓所,旨在维持个体生存和再生产的日常消费活动、日常交往活动和日常观念活动的总称。与欣赏高雅文化不同,社会大众对广告、时装等大众文化的接受主要是在日常生活环境中进行的,如家庭主妇可以在做家务的同时观看电视。换言之,社会大众对大众文化的接受过程往往与日常生活过程交织在一起。

　　随着社会的发展,大众文化的形式与内容越来越倾向于表现日常生活。长期以来,主导文化和精英文化都不是以人们在日常交往和生活中形成的一些经验和观念为主要研究对象,所以它们与社会大众之间会存在一定的隔阂。但是,在现代社会生活中,社会大众的地位日益提高,于是大众文化作为一种主要以社会大众日常生活为反映对象的文化类型而出现。而由于日常生活是大众文化的主要反映对象,社会大众在接受大众文化的过程中都能够获得一种贴近感、亲近感。另外,在对日常生活的反映中,大众文化注重对大众生活的关注以及对大众情感的关怀,其突出了寻常事、平常心的文化意义。比如,一些电视剧和通俗歌曲讲述的都是社会大众最普通、最日常的事情,使受众可以回味自己的日常生活和生存方式。

4.强烈渗透性

　　随着人们生活水平的提高,电视、电脑、手机等进入千家万户,使社会大众的日常生活自然地与传播媒介所承载的大众文化紧密联系起来,大众文化自然地融入大众的日常生活之中,成为人们生活的重要组成部分。因而,大众在接受或参与大众文化时不会时刻保持一种理性警觉的状态,从而使得大众文化中所蕴含的各种思想观念更易于被大众接受。一方面,社会大众会主动地、自愿地接受大众文化。

大众文化的趣味性和巨大诱惑,故在接受大众文化时,往往忽略其所隐含的价值观等深层因素,而只其娱乐性的内容予以关注,这样社会大众受到大众文化潜移默化的影响会更大。另一方面,社会大众在大众文化活动中具有受动性,巨大数量的大众文化产品反复出现,使得相同的思想观念渗透到大众的思想之中,使大众在不自觉的状态下接受大众文化所含的各种观念。假若大众文化的强烈渗透性没有得到好的引导,可能会产生削弱社会大众的批判意识和主体意识等负面影响。

二、大众文化对大学生的影响

(一)大众文化对大学生的积极影响

改革开放40多年来,大众文化的社会化不仅使大众文化的某些内容被合理化,而且还通过大众文化的一些附属产品,如现代价值理念、艺术审美情趣、时尚流行文化等,深刻影响着大学生的思想和观念,总的来说,大众文化具有解放思想、消解神圣、强化个性、提倡民主等特征,能够促进人性的重构。具体来看,它对大学生的积极影响主要体现在以下两个方面:

1.大众文化为大学生提供了丰富多彩的生活空间

大众文化的开放性和包容性不断冲击着传统文化的封闭性和权威性,冲击着主导文化的特权和霸权,打破了传统文化中主导文化、精英文化和大众文化的等级意识,使文化同日常生活融为一体,所有人都可以借助大众媒介消费对一切可能的文化成果进行消费。艺术源于生活文化而高于生活文化,大众文化则跨越了艺术与生活的界限。赵本山被赞誉为当代中国的"通俗艺术大师",对大众文化的魅力进行了彰显。大学生已经积极参与到大众文化之中,流行歌曲、现代舞蹈、电影电视、文化沙龙、体育活动等大众文化的表现形式受到了大学生的广泛欢迎,成为大学生生活的一部分。大众文化娱乐活动的多样性,既满足了大学生缓解心理压力、参与文化创作的需要,其中某些具有较高思想性的文化作品,也以其通俗化、平面化、生活化的方式陶冶了他们的情操,赋予了他们积极向上的生活观念,使他们的生活环境更加宽松和谐、丰富多彩。

2.大众文化有助于大学生个性的解放和民主化倾向的加强

从西方大众文化发展史来看,大众文化是对近代以来以黑格尔和达尔文为代表的绝对理性精神的挑战和反叛,对传统的理性精神具有消解作用,从它传达出的无深度的后现代文化精神来看,它也是西方社会在严重的精神危机下的一种突围或寻求。大众文化对视觉神经的刺激和对感性欲望的追求与满足,使人们从神圣的宗教和政治的桎梏中解放出来,回归到人们的日常生活中,使社会不断走向科学化和民主化。

从我国大众文化发展的角度看,20世纪80年代以来,我国经济体制改革带动了文化体制的转型,大众文化的兴起悄然发生。在不到40年的时间里,它无视权威,以一股不可阻挡的强大势头完成了从地下到地上,从边缘到中心的巨大转变,同时冲击了我国的传统文化思想、观念和模式,造成了文化体系的震荡。伴随着大众文化在我国的发展而成长起来的这一代大学生是大众文化的重要实践者,大众文化赋予了他们追求个性、强调民主的鲜明时代特色。他们无视权威,具有积极的主体意识,以个体的自由和发展为人生的主要目标,"我就是我""我有我的人生"成为这一代大学生的生活逻辑和人生信条。在一定程度上,"自我"意味着独立,独立是现代社会的基本思想根源。因此,在中国,大众文化增强了大学生的民主化倾向,促进了大学生个性的解放,使当代大学生文化表现出更加明显的理性精神。

在这一代大学生看来,大众文化是充满民主氛围的平等交流,而不是充满说教的《圣经》。大众媒介是大众文化表达的媒介,现在,让我们以网络这种大众传媒为例,来说明大众文化在促进个性解放和民主化倾向方面的作用。网络不仅能让人们感受到知识的民主、交流的平等和话语权的独立,还能满足人们的精神期待和情感交流。网络写手李寻欢曾经这样对网络的特点进行描述:自由,不仅是写作的自由,更是自由的写作,没有特定目的的自由写作会更接近生活和情感的本来面目,更真实;还有平等,网络不相信权威,每个人都有平等地表达自己意愿的权利,通过网络,大学生们在欣赏大众文化作品时,不需要仰视,不需要虔诚,更不需要敬畏,而是在一种愉快和轻松的心境中享用文化的快餐。"我要这天,再遮不住我眼;我要这地,再埋不了我心;要这众生,都明白我意;要那诸佛,都烟消云散!"这几句话是网络小说《悟空传》中玄奘的名言,是一种傲视群伦、反叛传统的心态和写照,这正好符合这一代大学生挑战权威与传统的心理,因此容易引起共鸣。正如一些学者所说,大众文化是一种宝贵的人性的"救赎",洋溢着强调个体尊严的文化意识和文化氛围。

(二)大众文化对大学生的消极影响

作为市场经济的产物,大众文化的生产和消费由市场经济的规律及其运行机制引导。正是这种大众文化的商业特性,决定了大众文化的平庸与媚俗,实用主义成为大众文化世俗精神的哲学基础。这一特点会使青年大学生对主导文化和精英文化产生抵触和反叛,不利于大学生健康人格的形成与发展。

1.大众文化对大学生价值观念的影响

大众文化的产生与发展打破了传统精英文化和大众文化的等级制度,使过去单一的文化生活形态得到了改变,主导文化、精英文化和大众文化共同成为现代社会文化的类型概念,人们对文化的概念和观念也有了新的看法和认识。价值观念是文化的核心,价值观念的变化反映了文化的流行轨迹。

(1)价值观念的功利主义倾向

随着大众文化的普及,青年大学生的价值观念日益呈现出向现实主义、功利主义背离的趋势。经常出现在影视作品、广告、报纸、杂志、新闻媒体中的电影明星、体育明星、企业家等成功人士成为当代大学生的偶像,对他们具有充分的魅力和强大的影响力。现实主义和功利主义在他们的思想和行为中所占的成分逐渐增多,促使他们产生了错误的价值取向,他们梦想着一夜成名,梦想着成为"超人"和"星女"。青年大学生对明星的崇拜,不仅体现了明星式的完美中包含了对这个时代流行价值的趋同,也体现了他们对社会身份的期待和渴望。

对富裕生活的追求和憧憬也是青年大学生价值观功利性的体现。大众传媒一直在传递这样一种价值观念:在当代这个多元社会中,富足已成为这个时代的一种物化特征,能力、地位和声望的象征就是创造财富和拥有财富。在大众文化的熏陶下,众多大学生把财富、权力、声誉作为人生目标,并将其视为事业成功的标志。这种功利主义倾向使他们越来越追求物质欲望的满足和世俗的幸福,艰苦奋斗、敬业奉献等传统美德则受到了前所未有的冲击。

(2)价值观念的消费主义倾向

消费主义(consumerism)主要是指一种价值观念和生活方式,它煽动人们的消费激情,刺激人们的购买欲望,消费主义不仅在于满足需要,而且在于不断追求不能彻底满足的欲望。也就是说,人们所消费的不是商品或服务的使用价值,而是它们的象征意义。消费主义代表的是一种不断膨胀的消费欲望和消费激情。

大众文化的商业化运作,使大众文化以营利为目的,造就了当代大学生的消费观念,引发了他们对时尚的不适当追求。受大众文化的影响,大学生的消费需求不断向更高层次发展。他们特别注重消费行为的新趋势、新变化和个性化,而忽视了过去一直提倡的节俭等传统美德。

影像是大众文化的灵魂,它通过塑造完美而虚拟的形象来诱导人们的消费欲望,对青年大学生的消费方式产生了深远的影响,造就了他们追求时尚、品牌和个性的消费主义观念。一些大学生将高消费视为高生活质量的标志,通过追求名牌等高消费行为来彰显个性和物质财富。这种消费主义观念和倾向不利于大学生完美人格和健康的心理的塑造与形成,导致一些学生理想信念缺失,享乐主义、拜金主义风行,集体观念淡漠,同时还给家庭条件困难的学生造成了严重的心理负担,不利于塑造和谐的校园氛围。近年来,大学生因追求高消费而掉入不良网络贷款陷阱,最后不堪催款压力选择结束生命的事件时有发生,对大学校园的安宁和大学生的安全造成了严重影响。

2. 大众文化对大学生审美情趣的影响

在大众文化的影响下,部分青年大学生审美倾向感性化、世俗化、庸俗化。大众文化产品的快速合成,是以放弃对内涵的深度追求为代价的。大众文化产品中的影像化的表现方式使得一些青年学生更注重对文化作品的直观体验,更乐于接受文化的直观形象,在不知不觉中就放逐了思考的意义和价值。从表面上看,通过对大众文化产品的消费,他们获得了情感上的愉悦和满足,但大多情况下,他们会在消费过程结束后陷入新一轮的空虚。随着时间的推移,他们将沉浸在感官体验的过程中,耳濡目染地受到影视化作品中的人物的影响,在审美情趣上日益走向世俗化、低俗化和感性化。通俗言情的文学作品在青年大学生中广泛流传,流行音乐、通俗歌曲成为他们经常的娱乐消遣。基于这个层面的原因,教育界人士曾经呼吁:"要多看书,少看电视,多些思索,少些模仿。"也有人曾把在电视机前长大的这一代称为"迷惘的一代""颓废的一代"和"垮掉的一代"。

追求"酷"时尚也是大众文化对大学生审美情趣影响的一个集中表现。在大众文化背景下,批量生产的大众文化不能代表人的个性,在五彩缤纷的世界里,人们迷失了"自我","从众"心理成为现代社会最明显的心理状态,人们害怕茫茫人海的孤独感,渴望通过异质化的表现获得被众人发现的满足,有时甚至采取一些过激的方式,做出违背传统道德的行为。在一定程度上,大学生们对"酷"的追求是为了满足自己彰显个性的心理需求,同时也是一种"异化"的行为方式表现。

第二节 大众文化对大学生德育的影响

一、大众文化与大学生德育的关系

（一）大众文化与大学生德育的契合

1.满足人们的精神生活需要

大众文化和大学生德育有着共同的目标与方向，两者都旨在满足人们的精神生活需要。在马克思看来，人与动物的区别之一是超越了"粗陋的物质需要"，具有文化和精神的追求。马斯洛的需要层次理论认为，当人们在较低层次的需求得到满足时，就会产生较高层次的需求。随着社会的发展和物质的丰富，人们的基本物质生活得到了满足以后，开始追求精神生活上的需要。大众文化引领时尚，满足人们的娱乐和消费需要。青年大学生是追求时尚的主流人群之一。青年大学生喜欢标新立异，求新、求异的同时追求独立与个性，而这些特点与大众文化不谋而合，故他们对大众文化趋之若鹜，并乐此不疲。同时，大众文化使学生获得了自我认同、群体归属和情感依赖。大学生德育致力于文化育人，通过开展丰富多彩的文化活动来满足学生多层次的精神文化需要，进而提高大学生的思想水平，促进大学生的全面发展。

2.提倡创新精神

创新意味着突破原有的理论与观点，超越过去的实践。古人说过"苟日新，日日新，又日新"，意思就是说如果能够一天新，那么就应该保持每一天都新，今天新，明天也要新，以后都要新，而且在新的基础上还要追求更新。面对21世纪的机遇和挑战，只有不断创新，才能增强凝聚力和发展力，才能使国家焕发出勃勃生机，保持源源不断的发展动力。创新关系到人才培养、社会发展进步、民族的兴旺发达、社会主义现代化事业的顺利推进以及中国梦的实现。人才是创新的关键。因此，在新时期建设"创新型国家"的进程中，创新型人才的培养发挥着至关重要的作用，同时也是新时期衡量人才素质高低的重要标准。创新型国家需要创新型人才，而高校作为我国培养高素质人才的基地,就要注重培养学生的创新意识和创新能力。随着大学生德育的不断发展,各种新情况、新问题也会随之出现,这就要求大学生德育在观念、方法和载体上不断地进行创新,以适应新情况、解决新问题。

在大众文化追求市场利益最大化的同时,为了创造流行、引领时尚,大规模生产迅速展开,没有深度、没有模式化且容易复制。当人们长期生活在相对单调的文化氛围中,就会逐渐习惯。这时,如果有新的、与过去不同的事物出现,它就会很快进入人们的视野,激发人们的好奇心,从而尝试和接受。当这股风潮结束时,就又需要有新的东西出现。大众文化的准则即市场的导向,为了在市场竞争中取得优势地位,它必须想尽办法推出各种新颖、独特甚至搞怪的商品,独具一格、别出心裁才能有"卖点",才能吸引大众的眼球,进而促进和引导消费。这样它就处于不断地变动的过程中,不断地自我否定,以满足市场需求,这种不断求新求异的原则,更新和自我批判的意识使其能够刺激和引领人们的需求。

3. 注入人性化理念

"培养什么人"和"如何培养人"一直是思想政治工作的重大课题。以人为中心和根本,促进人的潜能的最大发挥、提升价值和达到人性的完善是德育的本质和追求。德育的开展日益突出以学生为本,坚持一切为了大学生,一切依靠大学生,一切服务大学生,注重尊重、理解和服务大学生,把大学生作为成长发展的主体,促进大学生的健康成长。人性化不但是现代教育精神的体现,而且符合德育的规律和时代发展的要求,是新时期德育改革的趋势和方向。提高人的思想文化素质、形成健全的人格、促进人的全面发展、实现个人价值与社会价值的统一,既是德育追求的目标,也是德育的最高宗旨。大学生德育注入了人性化理念,强调有人情味,体现人文关怀。在人性化理念的影响下,学校进行了改革,精心打造数字校园、人文校园等德育环境,同时还对贫困大学生给予关注,并为其提供绿色帮助,积极开展心理咨询活动等。德育正是通过各种特殊而又具体的方式关注人的发展和完善的,这也体现了其特有的人文关怀价值。

大众文化趋于世俗化,满足人们娱乐消费的需要,体现了对普通人应有的人文关怀。在大众文化所赋予的娱乐休闲的生活状态中,其人性化理念直接表现为大众文化使个体缓解了压力,转移和释放了焦虑。大众文化扰乱了时间的过去、现在和未来的顺序,使大众更加注重拥有"现在",它使人们在现实生活中的紧张、焦虑以及时间的紧迫感,得到缓解并使人们从过去那种渺小的状态里走出来,真切地感受到自己在世俗享受中的幸福快乐。同时,它肯定和引导人们张扬个性,满足内心的欲望和渴求。它在一定程度上使人们摆脱了传统思维方式和习惯的束缚,形成了自己的生活图景,为人们展示个性、丰富闲暇时间提供了广阔的空间。从某种意义上说,大众文化使生活在社会中的人们从学习、工作、生活的压力中得到了一定的缓解,具有客观现实的效果。大众文化丰富和释放了人性,满足了当代人性的多样化需求,体现了人性的扩展和自我重新发现。与压抑人们各种欲望、追求崇高精神的传统观念相比,大众文化总体上表现出一种对人性的肯定、认同和尊重。它通过激发和满足人们的感性欲望,丰富人们的社会图景和生存状况,提高人们的生活质量。

4. 强调文化的娱乐功能

马克思认为,"享乐的合理性"是精神生活必不可少的内容。在现实的社会生活中,人们渴望轻松和快乐,而大众文化作为一种在市场经济条件下产生的商业性、娱乐性的文化现象,正是为社会大众的休闲娱乐服务的。大众文化作为人们休闲的需要,与其娱乐功能密不可分。也就是说,娱乐性是大众文化自诞生以来就具有的属性。放松身心是娱乐的实质,当人们结束忙碌的工作,想要获得轻松的体验,暂时摆脱社会的约束性和强制性时,娱乐就是他们的最好的选择。娱乐既是大众基本的生理和心理需求,也是其合理的需要。正如艺术理论家豪泽尔所说,从心理学和生理学的角度来看,娱乐、放松、无目的地玩耍不仅有利于保持旺盛精力,还可以刺激和加强活动能力,这是生活中必不可少的部分。因此,大众文化更适应大众的娱乐。大众文化通过刺激感官,使人们获得直接而简单的快感,进而使身心得到放松。此外,它没有经过沉重的深刻思考和劳心费神,是大众的自觉自愿的选择,给人一种轻松、闲适的感受。

中国传统观念提倡和肯定"艰苦修磨",对"玩物丧志"充满了警惕,甚至敬而远之。正所谓"学者耻于悠闲",在传统社会中,娱乐本身的合法性是很难获得的。受这种传统思想的影响,我们长期对文化的政治和教化功能进行突出强调,强调文化应当为政治服务,同时忽视了文化的娱乐功能,促使文化的功能被单一化和绝对化,进而演变为阶级斗争的工具。中共十一届三中全会以后,思想得到了解放,同时,改革开放以后市场经济的发展推动了文化的多元发展。此外,对文化功能的认识也发生了变化,人们逐渐认识到文化不仅具有改变和塑造人们思想和行为的功能,而且还具有娱乐功能。大学生德育也应有效结合文化的教育功能与娱乐功能,增强文化的趣味性,坚持形式和内容上的寓教于乐,以达到预期的教育效果。

（二）大众文化与大学生德育的矛盾冲突

1. 价值观的多元性与统一性的矛盾

在文化的背后，必定都隐含着一定的价值标准，而大众文化的价值取向是多元的、混杂的、无意识的。可以说，大众文化没有明显而有意识的价值追求和宣言。如果说大众文化有着明确的价值追求，那也只是无意识的附带或被放大的结果。对大众文化而言，更关注的是文化的娱乐价值，或其隐含的商业价值，而不是其价值追求和意义。因此，它不具备贯彻到底的价值观和原则，其唯一的约束就是要以市场规律为主导，随时随地满足群众的需求和口味，且随着市场形势和人民需求的变化，随时对自己的文化立场进行调整。在这里，大众文化似乎只是冷静、从容、心平气和地描述和展示，在价值层面上的"不着意"使得大众文化的价值观变得良莠杂陈、意义相对。而这些相对主义的价值使得大众文化呈现出一种天使和恶魔共舞、婴儿处在污水之中的复杂而又多变的价值拼盘。大众文化的价值取向是复杂的，主要表现为它倡导无价值，不在乎文化所传递的是非与善恶等价值，同时还嘲弄和瓦解所传递的意义，它所追求的是无意义甚至是负意义。如此，大众文化价值取向的多元性与大学生德育的统一性必定会发生严重的冲突。

德育是一种以人的思想意识为目标，通过建立思想上的基本规则秩序，从而形成与国家民族核心价值观念内外相统一的个体精神活动特殊教育实践活动。工具性和目的性的统一是其价值取向的主要表现。具体来说，工具性价值取向是指为统治阶级服务，目的性价值取向则强调促进人的发展。实际上，这两种价值取向强调社会和个体，在本质上具有统一性。因此，德育实质上以社会成员的思想意识统一到党和国家的意识形态为工作目标，工作的基本职责是个人利益服从国家、集体、组织的利益要求，工作的宗旨为凝聚全民族及全社会的精神力量，进而实现党和国家的根本意志。大学生德育在价值观上具有一致性、统一性、阶级性以及社会本位和人本位相统一的稳定的特征。

2. 感性特征与理性的断裂

大众文化追求利益至上、娱乐到底以及感官愉悦的最大化，注重人们在日常生活中心理感性的自我满足。大众文化具有感性特征，它通过感性形象与即时性的感官愉悦给人以快乐、满足、宣泄和轻松、惬意的体验，从而引发人们的情感共鸣。毫无疑问，大众文化应该极大地满足人们的情感宣泄，这是值得肯定的。然而，大众文化和价值意义的世界是断裂的,大众文化只能满足大众一时的情感,既不能提供持久的精神力量,也没有超越性的价值追求,更谈不上人的全面发展和意义上的完美。这样的结果最终会改变文化模式,使其从感性与理性相协同的深度立体的文化模式逐渐转变为感性化的平面模式,进而消解了文化的深层含义,逐步覆盖了理性思维,这将导致大众文化消费者的感性能力日益增强,而理性的能力却逐渐衰退,趋于消失。由此,大众文化也被称为"平面文化"。在大众文化的影响下,青年学生放纵自己的感官,虚度青春,通过盲目地追求明星和时尚来追求欲望和幸福。他们忽视生命的价值和意义,追求体验性感官上的刺激,高调地"活在当下"。大众文化使青年大学生的理性思维不断消解,导致长期沉迷于大众文化的大学生只喜欢感受简单及肤浅的事物,他们愿意寻求当下和感官的刺激体验,却对那些深邃的思想、意义和价值失去兴趣,甚至远离它们。同时,大众文化在一定程度上削弱了人们的批判能力。其因为过分强调物质性的最终结果,必然导致学生整天沉浸在虚拟化的现实中,畸形发展,最终成为"单面人",而不是社会发展所要求的全面的人。正如马尔库塞所说的,大众文化是在资本主义社会中通过生产很多一样的产品使人丧失批判能力与否定能力的单面文化。大众文化的感性特质使物质满足取代了精神享受,器官满足取代价值追求,使人们进入体验和感性状态,极大地颠覆了理性和规范。

总体而言,大学生德育注重逻辑和理性,强调人的理性认识活动对其自身的影响,是一种理性的教育模式。在教学过程中,相较而言它更加注重理性知识而不是感性体验,更加注重理智控制而不是情感交流。这样一来,大众文化的感性对大学生的影响逐渐脱离了大学生德育的理性特征,对教育的有效开展产生了影响。除了大众文化的广泛影响外,人们感性和理性断裂的深层原因还在于缺乏理想信念,而理想信念的缺失是一种严重的精神危机。因此,对受教育者进行理想信念的教育,既是大学生德育的任务,也是它的意义和功能所在,同时要思考在教育过程中如何把感性和理性结合起来,增强教育的趣味性和吸引力,进而提高教育的实效性。

3. 平庸化与弘扬崇高性的矛盾

大众文化是一场平庸的狂欢。本雅明认为,艺术独特的"灵韵"在现代文化被大量复制以后就消失了,随之而来的只有模式化的、没有深度的平庸之作,这也是大部分大众文化文本的特点。此外,它还具有商业特性,以经济效益最大化为目标,产生了大量的"快餐文化"。它迎合了公众的娱乐需求,使人们越来越陶醉和沉溺于直观化、扁平化、肤浅化、快餐化的大众文化之中。曾经《一个馒头引发的血案》成为当年中国影响巨大的文化事件，并带动了网络的恶搞之风的进一步升级。无知、丑闻和恶搞都可以拿出来"晒"和"秀"，"秀"甚至成了一种流行时尚。大众文化从不掩饰其平面性和肤浅性，不通过高雅和深刻来获得认同，并且快速地表面化、娱乐化和平庸媚俗化，追求名利、大胆炫富就是其庸俗化的典型表现。大众文化提倡人们关注当下的自我，面对现实的生活状况，追求当下的幸福，因此，在作品和活动中，大众文化都表现出对理想和崇高精神的消解。在丹尼尔·贝尔看来，大众文化尽力扩张，寻找经验，不受限制，遍地挖掘。这种经验性的扩张体现出大众文化反理性、反智慧、重经验、重情绪的特点，并且把人的自我感受当作衡量尺度。此外，大众文化所代表的通俗化的泛滥，满足了大众的浅层欲望，但使其缺乏高尚的追求。

　　大学生德育的目的是追求崇高，弘扬高尚精神，引导大学生树立崇高理想和正确价值观，增强社会责任感，承担历史赋予的责任，最大限度地实现个人价值和社会价值的统一。它除了具有现实功能外，还具有超越功能，即引导学生超越一定的物质约束，提高精神品质。也就是说，它必须能够提供一个提升社会文化思想格调的高度，该格调应当与人的终极关怀相联系，关注对真理的敏感度，且能够思考和探索人生的价值。大学生德育应该是大学保持其精神格调的重要途径，同时也应当服务于大学这种特殊的文化存在，并为社会文化提供一种高度。

4.自发性、渗透性与灌输性的矛盾冲突

　　大众文化本质上是一种具有明显世俗化特征的市民文化。它以日常生活为内容，反映了人们的日常生活与现实之间距离的消失，甚至是"零距离"。大众文化的经验性以及日常生活性等特质使其与大众生活密切相关。从文化层面上看，大众文化属于社会心理层面，是一种未经加工的大众心理，是人们思想状况和日常生活精神状态的真实反映。因此，当人们接受大众文化或参与大众文化实践活动时，心理上的距离障碍并不存在。换言之，人们容易且喜欢接受大众文化，甚至会主动去参与。此外，大众文化以大众传媒为载体，同时以大众传媒为商业特征，它对娱乐的追求满足了大众对休闲娱乐的需求，大众文化的这些特点，使其无处不在，成为人们日常生活的重要组成部分。可见，为迎合大众的趣味，大众文化的主要内容更多地是人们日常生活经验的内容，且在内容的高度上与大众现有的知识水平相符合。随着大众文化在日常生活中的渗透，人们的学习、工作、休息和娱乐都受到了大众文化的影响，在娱乐消遣中，人们的思想和心灵都被大众文化所俘获。由于其

强制渗透的特点,具有一定的"霸权"性质,使大众在不知不觉中深受其影响。然而,这种"霸权"是极为隐秘的,不易被人们察觉。这使得大众认为自己在大众文化面前拥有主动权,具有相当的优势,认为自己能够对文化的影响进行自主的选择。因此,无论在形式上还是内容上,大众文化都更容易影响到普通人,因为它提供给人们轻松、快乐的当下满足感,同时这种影响也在与日俱增,这就使强制性的政治说教和思想灌输的作用不断得到削弱。

德育活动本质上是一种坚持和维护意识形态的教育活动。它利用统治阶级意识形态占领思想政治理论阵地,武装教育对象的精神世界。但是,个体的意识形态不能自发形成,只能通过外部灌输给教育对象,而作为大学生德育传统工作方法的灌输理论同时也是大学生德育的任务。一方面,灌输在理论灌输中起着积极作用,通过有目地将先进思想理论传授给教育对象,进而对教育对象的思想体系的建构产生影响。然而,另一方面,灌输的内容往往是高于受教育者的认识层面的稳定的理论化的东西,只是在教育教学方式上对学生进行思想观点和理论知识的集中系统的单向灌输。在这种情形下,学生只是被动的接受者,学习兴趣低,他们容易产生叛逆心理,甚至抗拒正确的理论知识,从而对德育工作的效果产生影响。随着时代的发展,有必要对学生进行科学有效的灌输,坚持灌输与交流相结合,重视双向沟通和互动,克服教育者对教育对象的单向灌输方法,并建立起教育者与教育对象之间的良好关系,以促进大学生德育工作的顺利进行。

5.意识形态边缘化与主流意识形态的矛盾

大众文化已经成为文化生活的重要组成部分,并对人的价值观念、生活空间、生活态度等产生了一系列的影响,这就在一定程度上"使得在中国原先的那个无所不在的政治权利社会已经大大萎缩"。大众文化是商品消费的文化,与经济活动密切相关。它在接受经济、拥抱商业的同时逐渐远离政治。大众文化引领大众走向感官享受和物质消费,人们沉溺于感官享受和消费带来的快乐,它使群众没有时间去关注政治意识形态的发展,失去对意识形态宗教般的信仰。结果,意识形态逐渐被人们忽视甚至淡化,陷入了模糊和边缘化的困境。大众文化是现实生活中大众娱乐需求的保障。在没有主流意识形态的情况下,它以一种休闲、轻松、娱乐的非意识形态方式消解了政治意识形态的构成,促使人们从神圣的政治宗教世界中解放出来,回归到当下的实际生活中。随着大众文化影响力的不断加深及消费意识形态的广泛传播,大众对主流意识形态的关注逐渐消退,且将关注的重点逐渐转向了当下的日常生活,注重追求和享受即刻的、当下的、现实的快乐,主流意识形态从中心地位被推到了边缘。

德育是党维护自身领导、保证社会主义方向的重要手段,是改革开放和社会主义现代化建设顺利进行的有力保证。可见,德育具有鲜明的社会主义思想内涵,是为人的全面发展和我国社会发展服务的。在社会主义初级阶段,社会中存在着多种意识形态,主要包括封建主义意识形态、资本主义意识形态、各种宗教意识形态以及占统治地位的社会主义意识形态。大学生德育以社会主义主流意识形态为中心,与意识形态紧密相连。作为整个社会主义意识形态的一部分,以马克思主义为指导的德育服务于社会主义初级阶段奋斗目标的实现以及共产主义的最终实现。社会主义意识形态对德育的性质、目的和方向进行了规定,为大学生德育奠定了坚实的理论基础。此外,政治法律思想、道德、宗教、哲学和文学、艺术等意识形式也是意识形态的重要组成部分,同时这些形式的内容也是德育的基本内容。换句话说,即社会主义意识形态是大学生德育的主要内容之一。同时,大学生德育又对社会主义意识形态的建设和发展起着促进和推动作用。坚持社会主义主流意识形态,梳理和整合分散的、相似的非意识形态内容;分析和批判与主流意识形态相对立的意识形态,最终将居于统治地位的意识形态内化为青年大学生普遍认同的理想和信念,并外化为积极的实践。

二、大众文化给大学生德育提供了机遇

(一)大众文化丰富了大学生的精神文化生活

首先,大众文化丰富了大学生的精神生活。大众文化反映了一定时代的经济、政治以及道德伦理,满足了人们对现代生活理念和文化审美趣味的精神追求。大众文化可以使人们享受到感官和精神上的愉悦,大众文化关注现实生活,注重文本的表层娱乐,对广大民众来说,无疑起到了宣泄情绪、调剂精神、丰富生活、平衡心态的作用。因此,大众文化可以使大学生的生活空间进一步扩大,并对大学生的日常生活产生极大的影响。大众文化的娱乐功能赋予青少年乐观的生活态度、广阔的生活空间、多样的生活色彩和广泛的交往机会,使他们在丰富的审美愉悦中释放身心的疲乏,在心灵的陶冶中享受人生与世界的自由并洞悉其微妙的深层意蕴。

其次,大众文化拓宽了大学生的知识视野。作为大学生德育所面临的文化环境,大众文化在德育中发挥着重要的作用。大众文化所涉及的知识领域相当广泛,其中,具有广泛性、新颖性、多样性的特点的网络文化、影视文化、报纸杂志等,为大学生带来了许多新知识和新观念,同时也提供了更多的交往机会,从很大程度上避免了大学生出现认知途径单一和认知内容有限的状况。随着大众文化的发展,大学生可以在大众文化的影响下拓宽知识面和开阔眼界,从而为实现自身的全面发展创造有利条件。总之,涵盖庞大信息量的大众文化对大学生知识面的拓宽以及文化素质的提高具有重要作用。

(二)大众文化对塑造大学生的独立个性、培养大学生的民主与参与意识具有积极影响

首先,大众文化有利于塑造大学生的独立个性。改革开放以来,社会生活中的许多禁区被打破,大学生的生活环境也越发宽松和谐,其生活观念、价值取向产生了巨大的变化。而大众文化的兴起与发展使这种状况得以持续,大众文化提倡个性的解放,这一主张赋予了大学生积极的主体意识,同时为其个性的发展提供了有利的条件。当代青年与上一代的人们不同,他们不再惧怕权威,并认为人生的主要目标就是个体的自由与发展。随着大众文化的蓬勃发展,大众文化使传统的精英统治阶层垄断文化领域的的局面得到了改变,其所宣扬的价值观和行为方式为大学生张扬个性提供了载体。

其次,大众文化有利于培养大学生的民主与参与意识。在全球化的背景下,大众文化为大学生分享人类社会发展中的不同文化成果提供了有利条件,并使大学生逐步形成现代化的开放心态和民主参与意识。当代大学生成长于自由、开放和宽松的环境,大众文化中的追求个体自由与发展的特性满足了大学生自我和个性的文化需求,如大学生有自己的娱乐、运动等。自主、自立、自信、自强成为大学生具有时代特色的理性精神。并且,盛行于高校校园的大众文化,能够触动大学生心里最深层次的价值需求,即人应当有表现自己价值的机会以及参与社会的表达。这样能够避免大学生在传统德育中始终处于被动地位,从而使其具有自己独立的主张以及可以对自己的行为做出独立的判断。在学生的价值观念中,最重要的无疑是注重自我,自我意味着独立,是现代社会最基本的思想资源。尽管这种表达层面是不一样的,但大众文化有这样一种层次,按照马克思的话说:"她是最具有本能的反映社会诉求的一种性质或者是征兆。"大众文化在现代传媒技术的支持下,不仅具有广泛的涵盖面,而且以感性直观的形式把知识输送到每一个人的面前,从而增强了大学生的文化参与意识。可以说,大众文化激发了大学生强烈的参与愿望和体验的热情,从而更加深刻地认识到人的生存价值和生存意义。

（三）大众文化为大学生德育提供了更加丰富的教育资源

教育信息量少以及知识面比较狭窄是制约传统大学生德育效果的重要因素。大众文化出现以前的传统媒介如报纸、书籍等涵盖的信息知识量相对较少，并不能满足传统德育各个方面的需求。同时，由于传统媒介的程序往往比较复杂，需要花费大量时间进行编辑、出版、发行，因此，它的信息更新速度比较慢，从而阻碍了德育的顺利开展。大众文化是以大众传媒为主要的传播媒介，与传统媒介相比，大众传媒具有传播信息量巨大的特点。大众文化特征之一就是借助电影、电视、网络等大众传播媒介制作和传输大量的信息并作用于社会大众。大众文化传播的知识和信息具有数量大、更新快、信息资源共享等特点，每个人都可以提供、获取和拥有信息。社会上的任何群体和个人都可以通过大众传播媒介实现信息资源共享，从而为大学生德育开辟信息资源交流和共享的渠道。随着大众文化的发展，大学生德育的信息流动可以通过大众传媒进行，进而实现教育资源在不同的组织之间交流和共享。此外，具有开放、自由等特性的大众文化可以使以往受教育者不能有效接触教育资源的状况得到改变，受教育者可以通过大众传媒主动寻找相关资源，增加了自我教育的机会。

（四）大众文化传播媒介为大学生德育提供了更具吸引力的工作方式

课堂、谈话和汇报是传统的大学生德育工作的主要方式。由于德育工作者缺乏多元化的表达方式和丰富的信息资源，受教育者在接收信息时往往处于被动状态，传统的大学生德育的效果有限。国外的一项测试表明，大约有37％的学生是通过触觉学习，34％的学生是听觉学习者，而只有29％的学生是视觉学习者。即大多数人还是习惯于用单一的感觉方法学习，测试还表明，如果学习者学会开动全部感官来学习，那么他们的学习效率就会成倍增长。大众文化与大众媒体密切相关，大众文化以大众媒体为主要传播媒介，大众媒介包括报纸、书籍、杂志等机械印刷媒介和广播、电影、网络、电视等电子媒介。大众媒介具有图像、文字、声音等并存的特点，这种非线性的学习方式可以调动人们在学习过程中的各种感官，从而大大提高大学生的学习效率。换句话说，大众文化传播媒介兼具图片和文本的特点，能够在大学生德育过程中营造积极、轻松、快乐的教育氛围，使教育更加生动、形象、直观，为学生提供真实的表现效果，具有很强的感染力，从而提升大学生德育的吸引力。

三、大众文化给大学生德育带来挑战

著名的社会学家默顿认为:"并不是所有的社会单位都对体系的整合有正功能和贡献的,某些单位可能对系统内的一部分有正功能,但同时却对其他部分有反功能(负功能)。"大众文化作为现代工业社会的文化产物,它对传统文化和主流文化具有一定的弱化作用。特别是我国的大众文化起源于西方,具有西方大众文化的后现代性质——对现代理性、主体性的消解,致力于谋求感性欲望、世俗性,宣扬非理性主义、消费主义、享乐主义等。大众文化的这些负功能,对正处于人格形成和发展关键时期的高校学生有着极大的消极影响,也对大学生德育造成了新的冲击与挑战。

(一)大众文化弱化了大学生的思维能力

大众文化是一种强调娱乐性的感性文化。它从文字到视听不断发展,呈现出越来越明显的"视听化"趋势。当消费者接触到大众文化时,他们没有一个明确的目的,经常只是为了放松和消磨时间。大众文化直接就是生活本身,因此人们无须思考,只须体验。大众文化的图像性特点可以完全向大学生展示事物的形象,而不需要他们去思考。例如,学生经常不假思索地消费电视剧、电影和广告。从长远来看,大学生的思维能力会逐渐萎缩。许多大众文化作品只能给学生带来短暂的体验,而不是永久的回味和思考。因此,当青年学生尽情享受愉悦时,他们的理性思维和价值观念会被逐渐消解。假若大学生长期沉溺于大众文化的愉悦而无法自拔,他们的头脑就会变得懒惰、机械、简单,从而只喜欢外在的浅层次的事物,而对那些深层次的东西失去兴趣。可以看出,大众文化使得他们的思维也变得零散、游移,思考力日见萎缩,难以进行艰苦的思想劳动,创造力也逐渐丧失。

(二)大众文化的传播导致教育者权威地位下降

在传统的德育过程中,教育者能够通过制订教育计划来确保教学的层次性和系统性,进而实现教育的目的,因而在学生的成长过程中起着主导作用,始终处于一种优势的地位。教育者在教育过程中易于得到尊重,除了受传统的儒家文化思想的影响外,还由于教育者拥有的信息量和掌握的技能都比学生要多,这样一来,就能够顺利地达到教育目标。大众文化的发展使得大学生德育者的权威性受到了冲击,其打破了传统的封闭教育模式,使大学生在传统途径之外也能获取大量信息。这样一来,大众文化可能会影响到教育者在大学生社会化中的权威地位。如果大学生德育的教育者不及时更新知识体系,不适应大众文化条件下大学生德育的特点和规律,德育活动将难以开展。因此,在大众文化的影响下,教育者对大学生丧失了传统德育过程中具有的强大的信息控制和行为指导能力,从而使其在教育中的权威地位受到挑战。

(三)大众文化使大学生德育环境更加复杂

所谓德育环境,是指对德育活动以及德育对象的思想品德形成和发展产生影响的一切外部因素的总和。环境对大学生德育活动成效具有重要的制约作用。大学生德育环境包括宏观和微观两方面:宏观环境主要是自然环境和社会环境;微观环境主要有组织环境、心理环境、人际环境和家庭环境。大众文化是大学生德育必须面对的社会文化环境。随着大众文化传媒,尤其是网络信息技术的飞速发展,大学生的思想往往受到各种媒体的影响,越来越多的学生通过大众文化传媒渠道来对社会的各个方面进行了解。大众文化的传播使大学生看到"外面的世界真精彩",然而,具有强烈渗透性的大众文化往往良莠并存、复杂多变,因此,大众文化制约着大学生德育目标的实现。就大众文化中的网络文化而言,江泽民同志曾指出:"互联网上的信息庞杂多样,还存在大量反动、迷信、黄色的内容。可以说,由于信息网络化的发展,已经形成了一个新的思想文化阵地和思想政治斗争阵地。"毋庸置疑,淫秽、色情等网络不良信息不利于大学生的成长与发展,并且会带来一系列的负面影响。换言之,一些庸俗和消极的大众文化会在一定程度上削弱主流文化所倡导的理想和信仰。因此,大众文化条件下的大学生德育应该引导大学生正确选择和接受各种环境的影响,使大学生始终坚持正确的人生观、世界观和价值观。

(四)大众文化对大学生德育内容的挑战

在以往的德育教学过程中,教育者掌握着教育信息控制的主动权,拥有自行决定教育内容的权力,属于单向式的教学。因此,教育者可以根据德育目的来传播内容健康的教育信息。随着大众文化的发展,学生对教育信息的掌握具有主动权。大众文化使学生自由地选择所需要的信息,从而造成了德育者不能强迫学生接受何种信息,而是什么样的信息对大学生具有吸引力,他们才会接受。这样一来,他们选择何种信息,必然导致受到何种教育。在大众文化的背景下,不同社会制度和意识形态的斗争已经从武力斗争转变为信息对抗。因此,大学生德育者面临的一个重要课题就是革除陈旧的教育内容,以适应大众文化影响下的大学生思想和行动发展的新要求,从而促进大学生德育的目标顺利实现。

第三节　大众文化视野下的大学生德育创新思考

一、创新大学生德育理念

大众文化对我国的经济、政治以及人们的思想和行为产生了巨大的影响。它在一定程度上弱化了体现官方意识形态的主导文化,建构了具有自身特色的日常生活化意识形态。如此一来,大众文化的发展将会使主导文化所倡导的社会理想、民族精神、传统道德等进一步淡化。因此,在学生积极参与大众文化活动的同时,大学生德育只有勇于突破传统,改变陈旧观念,才能适应新时代的要求。也就是说,大学生德育必须迎接大众文化的挑战,更新教育观念。

(一)注重培养大学生主体性人格,主动适应和能动改造大众文化

大众文化时代的德育不仅是教育者根据社会需求积极组织和实施教育的过程,也是受教育者根据自身的思想基础和内在需要,通过与教育者的对话和交流等积极活动,主动选择、接受教育的影响并进行自我教育的过程。培养大学生的主体性文化人格,有利于抵制大众文化对大学生德育的负面影响,充分发挥大众文化的积极作用。大学生德育应帮助大学生构建主体文化人格,树立人格教育思想,积极适应和改造大众文化。一方面,大学生德育能够系统地调整和发展大众文化,提高大众文化品位,将大众文化转化为具有丰富思想内涵的文化形式,适应大学生的可持续发展,为大学生的发展提供宝贵的文化资源。另一方面,在大学生德育过程中,应坚持育人为本,充分重视人的自我发展和完善的需要。教育者在德育过程中应摒弃传统的说教方式及单向灌输,教育者与受教育者应处于平等的地位,在和谐的关系中相互沟通,充分发挥双方的主观能动性。这样受教育者就可以选择愉快、自主地选择接收各种正确的信息,并将这些信息内化为自己的思想和行为,进而发挥受教育的主体的能动性,有效抵制大众文化的负面影响。

（二）遏制商业媚俗文化，树立德育为先的教育观

近年来，我国高等教育受传统思维定式的影响，都不同程度地存在着重专业轻素质、重智育轻德育的现象，从而导致了部分学生思想认识水平偏低，公德意识低下，遇事易走极端。而且，大众文化使大学生德育工作者对学生丧失了传统德育中具有的强大的信息控制和行为指导能力，尊师重教思想受到挑战。因此，把大学生德育与传统伦理道德思想紧密联系起来，借助传统道德思想的力量来教育、引导学生已十分必要。大众文化产品的生产者往往都是以追求利润的最大化为目标，大学生盲目追从大众文化有可能会形成重现实轻理想、重个人轻社会等思想观念。由此可见，面对大众文化在高校校园的蔓延，大学生德育树立德育为先的教育观念，有利于遏制商业媚俗文化对大学生造成的负面影响。学校德育工作者应当开展践行荣辱观等各种德育活动，采用讨论、演讲等形式，融入道德教育的相关内容，进而引导学生树立正确的人生观、价值观和世界观。总之，大学生德育应重视大学生道德教育，积极倡导社会主流意识形态和核心价值观，使大学生在德育思想和主流文化的引导下，能够正确选择有利于自身发展的大众文化，避免消极大众文化的侵蚀。另外，大学生德育应当借鉴大众文化的娱乐性、开放性等特点，对积极向上的大众文化作品进行传播，从而向大学生宣扬社会正义、人生信念等社会普遍的准则。

（三）借鉴大众文化的日常生活性，树立回归生活的德育观

回归生活作为一种文化态度，体现了教育已经融入我们的日常生活中。传统大学生德育注重榜样教育和英雄主义教育，希望学生能从中获得有益的启示，进而塑造其良好品质。但是，快速发展的大众文化更多地表现为一种平民化的生活状态，反映的是社会大众的日常生活。大众文化并不热衷于对主人公进行理想主义的拔高，而是直接表现普通人的日常生活和喜怒哀乐，非常贴切大众，更有利于道德效仿和道德实践。

因此，大众文化才能如此深受大学生的欢迎，并对传统德育形成强烈的冲击。随着大学的扩招，我们应当明确现在的大学教育已不是精英教育，并不是所有大学生在接受了大学教育后都可以成为具有高尚人格、崇高理想的人。用统一的标准来评价学生，是不尊重学生的个性和差异性的表现。随着大众文化的发展，大众文化对人们思想和行为的影响逐步扩大，其原因主要在于大众文化已深入普通人的日常生活中，对普通人喜怒哀乐的情感世界进行了深刻的表达。大学生德育也应

当对大众文化的日常生活性进行借鉴,树立回归生活的德育观念,利用来自人们的社会生活实践的道德素材,使受教育者在愉悦放松中接受道德信念。总之,在教育过程中,教育工作者在教育学生追求崇高理想和高尚人格的同时,应当转变观念,使教育内容更加接近大学生的生活,并站在学生的角度来分析和解决问题,从而有利于提升德育的亲和力。

二、深化思想政治理论课的主渠道作用

中共中央印发的《关于进一步加强和改进新形势下高校宣传思想工作的意见》指出,从如今中国经济社会发展的现实和高等教育面临的形势来看,各高校要实现办好中国特色社会主义大学这个目标,必须加强意识形态阵地的建设。思想政治理论课是学生必修的公共基础课,是大学生德育的主渠道、主阵地和主战场,在培养社会主义现代化人才中发挥着不可替代的作用。同时,它也是巩固马克思主义意识形态指导地位、坚持社会主义办学方向的重要保证。

(一)加强和改进思想政治理论课教育

由于思想政治课具有很强的理论性,一些大学生对其产生反感,他们普遍认为这门课程离他们的生活很远,很难掌握,也很难引起兴趣。因此,大学生德育要努力把中国特色社会主义理论体系推进教材、进课堂与进头脑中,致力于建设"让学生真心喜爱和受益终身的高校思想政治理论课"。在教材、教学和课程内容上,既要突出重点,增强理论的全面性,又要适应新形势的发展需要,体现时代特征,及时更新、补充和丰富新内容,吸收理论和实践发展的最新成果。此外,还要拓展重要的理论和知识,提高教材的真实性,贴近学生的生活和心灵,关注学生关心的热点和难点问题,使书中的理论更加生动,从而改变学生对思想政治理论课的态度与看法,使其真正接受和喜欢这一课程。在此基础上,进一步引导学生坚定中国特色社会主义的理想信念,使其为社会和国家做出贡献。

(二)提升思想政治理论课教师自身的素质

教师作为思想政治课建设的关键,是社会主义核心价值观的践行者和把关人。我们要增强高校思想政治理论课教师的思想政治意识与马克思主义理论政治修养,使他们坚定地信仰中国特色社会主义,成为实现中国梦的忠实践行者。高校教师要明确肩负着思想教育的责任和义务,坚决杜绝在思想政治理论课上发表怪谈、偏题甚至脱题的做法,以迎合学生的兴趣爱好,坚持"课堂教学有纪律"的原则,守住政治、法律、道德的底线。另外,教师应确立终身学习的意识与观念,不断提高自身的文化修养和技能。教师应从哲学、历史、文学、艺术等方面拓展知识面,不断对自身的知识结构进行完善,同时掌握多媒体等现代教育技术,提高知识和信息优势,注重非权力影响和人格渗透,增强人格魅力,从而赢得学生的尊重和认可,有利于教育目标的实现。

三、拓展大学生德育的内容

（一）提高大学生的媒介素养

"媒介素养"主要是指公众接触、解读和使用媒介的素质与修养。大学生媒介素养教育就是指导大学生正确认识进而建设性、批判性地享用大众传播资源的教育,有利于大学生提高防范媒介消极影响的能力,进而充分利用媒介资源提高自身素质。从大体上看,目前大学生的媒介素养尚处于自发的状态,大学生并不能充分利用媒介资源,而只将其作为一种娱乐方式。因此,在大众传媒和大众文化迅猛发展的今天,通过科学的媒介教育提高大学生的媒介素养,已成为大学生德育发展中一项十分重要而又紧迫的任务。

第一,开设媒介素养教育课程和开展专题讲座。当前,我国大多数高校除了新闻专业以外,很少开设相关课程,大学生缺乏对媒介的科学认识,忽视了媒介潜在的控制力和影响力。而媒介却在不知不觉中指导和影响我们看待和了解事物的方式。高校可以开设媒介素养的必修课或选修课,通过专家学者的讲座,让大学生了解传媒的基本知识,增强其对媒介行为的认识,进而正确对待和使用媒介。同时,引导和教育学生掌握媒介接触、传播和信息创造的技能,选择所需的、有价值的信息,并对信息进行正确的处理,使信息内化为能够引导学生走向美好人生的动力。

第二,开展媒介素养教育实践活动。高校要把媒介素养教育落到实处,为大学生真正参与媒介产品的使用和生产创造条件,将理论知识运用到实践中,真正走近和了解媒介,认识媒介的作用并运用媒介接触技巧。组织学生深入地方媒体、参观广播电视节目制作,让大学生参与校园媒体宣传,包括学校报刊、橱窗、海报的宣传以及广播和校园网站的主持、拍摄和制作,而仅仅只是媒介的被动接受者和消费者。大学生通过亲身体验,可以减少对媒体的盲目崇拜,在实践中提高对媒体信息的理解、选择、评价和质疑能力,充分利用媒体形式发展自己,服务他人。

（二）培育大学生的主体性人格

主体性人格是觉醒主体的独立人格，其核心是主体的独立性、主动性和创造性。主体性人格的形成对人生意义重大，具有主体性人格的人有很强的自尊心、自信心和独立性，能够树立自己的理想和目标，且在社会活动中更容易获得认同和肯定，赢得他人的信任，进而得到更多的发展机会。在大众文化的双重影响下，大学生德育要开展主体性教育，创造条件促进大学生的全面发展。

大学生德育应尊重大学生身心发展规律，促进其主体性人格的形成、发展和完善。首先，增强大学生的主体意识和责任意识。培养大学生的主体意识是发挥主体性的基础与前提。面对混杂的大众文化，大学生应明确自己的主体性地位，增强责任感，对社会负责，对大众文化的低俗平庸因素要进行批判和重构。其次，引导大学生开展自我教育。在教育过程中，引导大学生从他律走向自律，减弱其依赖性，增强其主体性。大学生德育要做好引导学生自我教育的工作，增强大学生的主体控制能力，培养和提高大学生的主动性和主体性，使他们增强自我教育、自我管理和自我完善的能力，成为德育活动的主体，促进自身发展。最后，大学生德育不仅要把知识和价值观传授给大学生，还要进行实践锻炼，抵制大众文化对大学生的不良影响，这既是增强大学生主体性的有效途径，也是主体性人格形成的关键。近年来，"西部计划""三支一扶"和"四进社区"等社会实践活动的组织开展，使大学生在社会实践活动中了解真实的社会，经受锻炼的同时增长了才干，并为社会做出贡献，成为自主地、能动地、创造性地认识世界和改造世界的社会主体。

四、构建大学生德育新模式

人们接纳大众文化主要因为它的内容符合大众的口味，它以人们喜闻乐见的形式鼓励人人积极主动参与到大众文化活动中来。而传统的德育以政治教育为主要内容，其对大学生也就失去了吸引力。另外，大学生德育一贯坚持的灌输方法虽然起到了积极作用，但方法过于呆板，其中的榜样教育、说服教育不能使学生在愉悦中产生情感上的共鸣。因此，在新的形势下，大学生德育可以利用大众文化的各种优势如传播技术和手段等来扩大德育的影响领域。总之，大学生德育在工作方法上应当实现以下转变。

（一）利用大众传媒实现由"重形式"向"重实效"转变

大学生德育改革取得了一定的成效，但从总体上看，大学生德育还是没有走出

"粗放"经营的模式,主要表现为:重投入轻产出,重形式轻内容,重过程轻效益。因此,大学生德育应当摒弃形式主义的做法,利用大众传媒的积极作用,采取具体有效的措施,以增强其实效性。有学者曾认为,大众传媒的有效性主要体现在四个方面:"表达性,它们能传送范围广泛的思想和感情;记录永久性,即超越时间;迅速性,即超越空间;分布性,即能达到所有的人。"可以说,广播、多媒体、报纸杂志、出版发行等大众传媒以信息量大、传播速度快、覆盖面广、吸引力强等特点,已经成为对人们具有深刻影响的舆论环境。

随着大众传媒的迅速发展,各种媒体对高校大学生政治思想的影响越来越明显,学生对社会政治的理解和认识越来越多地通过大众传媒渠道获得。由于大众传媒传递信息快速、含量大、时效性强,且艺术感染力强,更易引起大学生思想和情感上的共鸣,容易认同和接受。可以说,大众传媒不仅使学生更容易获得所需的大量信息,而且作为一种有效的、不易察觉的宣传教育形式,对大学生的思想转变产生了巨大的影响。大学生德育以大学生为对象,其在教育过程中借助大众传媒来传播思想信息将更顺利地实现提高大学生思想意识和政治素质的目的。大众传媒通过具体形象的事件和任务,讲述人们身边的故事,评述刚刚发生的新闻,营造褒善贬恶的舆论环境,能够有效地强化、深化德育的内容。总之,大学生德育工作者应当把大众传媒与德育结合起来,以增强德育的实效性。

(二)采用大众文化的形式实现由"灌输型"向"渗透型"转变

一直以来,我国学校的传统教育主要采取强制性的说教。在大学生德育中,灌输理论是我国高校思想政治工作的基础理论,也是大学生德育的一种主要方法。毋庸置疑,灌输始终都在学校教育中起着积极的作用,然而,单纯的灌输并不利于学生主动性与积极性的发挥。此外,在大学生德育过程中,灌输的内容一般高于普通人的认识水平,且理论性较强,因此,限制和阻碍了大学生对这些内容的吸收与接受。换言之,大学生德育的灌输过程往往具有强迫性。当代大学生自我意识较强,在强制灌输中容易产生叛逆心理和抵触情绪。

随着大众文化渗透到大学生的日常生活中,大学生面临的信息量迅速增加,对大学生产生了很大的影响。一方面,学生渴望多样化的教学方法,而不是仅仅坐在教室里接受老师单纯的说教;另一方面,剧增的信息量往往良莠不齐,容易导致学生思想的混乱。大众文化具有多种媒介手段,且具有丰富的形式与内容,在大学生德育过程中,可以对大众文化的多种形式进行借鉴,以取得更好的效果。首先,大学生德育应采取多种形式,便于学生接受,使学生忽视教育者的教育意图,避免学生产生敌对心理。其次,利用大众文化的潜移默化进行渗透,使学生在不知不觉中接受教育,渗透到大学生的深层思想中。总之,大学生德育必须改变简单的灌输方式,吸取大众文化的优势,引导学生树立正确的世界观、人生观和价值观,从而达到德育的目的。

(三)借鉴大众文化的开放性实现由"封闭式教育"向"开放互动式教育"的转变

一直以来,德育就被视为是学校的一项重要职责。客观地说,学校教育对个体思想道德品质的形成和发展有促进作用,但仅仅依靠学校并不能完成大学生德育的全部任务。大学生德育是一个完整的系统,它的实施涉及社会、学校和家庭的方方面面,具有较强的外部适应性,且必须通过学校、社会、家庭三位一体的主体系统来实施,形成合力。可以说,传统的高校思想政治教育采用的是"封闭式教育"的教学模式,这极不利于学生的个性发展和价值选择。在全球化背景下,随着大众传媒的日益发展,为避免各种思想信息和复杂的社会环境对大学生产生负面影响,大学生的德育应注重培养大学生辨别是非、自主选择、自我修养能力的培养,使其始终保持坚定的德育方向。因此,大学生德育应借鉴大众文化的开放性,将德育纳入社会体系。在大众文化所传播的各种价值冲突的影响下,引导和帮助大学生树立正确的价值观显得尤为重要。如此一来,在正确价值观的引导下,大学生可以积极判断和选择大众文化中的各种价值观和思想,从而顺利完成大学生德育的目标。

面对大众文化的影响,教育工作者应创造条件让学生参与社会实践活动,使学生运用辩证的观点和方法认识和了解社会,锻炼学生的生存能力。此外,在大学生德育过程中,大学生的学习、就业应当与社会实践相结合,积极探索和建立社会实践的保障体系和长效机制。学校可以组织大学生参加各种公益活动,培养大学生的奉献精神和合作精神。

参考文献

[1]本书编写组.党的十八大报告学习辅导百问[M].北京:学习出版社,2012.

[2]曾振华.论多元文化背景下高校思想政治教育价值功能转型[J].现代交际,2018(23).

[3]陈建伟.以中华优秀传统文化培育新时代大学生理想人格研究[J].豫章师范学院学报,2020,35(01).

[4]陈伟.大众文化与大学生道德养成教育:双重解构与理路探寻[J].佳木斯职业学院学报,2017(01).

[5]陈伟祥.多元文化环境下的主体性德育实践[J].教学与管理,2019(30).

[6]陈文远.多元文化背景下传统德育的时代性建构[J].教育理论与实践,2019,39(16).

[7]陈亚红,何艳.传统文化与思想政治教育[M].北京:中国轻工业出版社,2017.

[8]戴丽红.当代大学生思想政治教育创新探索[M].成都:电子科技大学出版社,2016.

[9]邓小平文选(第2卷)[M].北京:人民出版社,1994.

[10]丁成.多元文化视域下的大学生思想政治教育研究[J].吕梁教育学院学报,2019,36(02).

[11]董焱.信息文化论——数字化生存状态冷思考[M].北京:北京图书馆出版社,2003.

[12]方新文.对话德育论[M].石家庄:河北人民出版社,2015.

[13]冯秀军.多元文化背景下的高校思想政治教育创新[M].北京:中央民族大学出版社,2008.

[14]高姗姗.高校思想政治教育与文化融合研究[M].石家庄:河北人民出版社,2018.

[15]关婧雯.传统文化对大学生思想政治教育的价值初探[J].绥化学院学报, 2020,40(03).

[16]韩锋.高校德育实践经验与发展路径探析[J].黑龙江高教研究,2019,37 (11).

[17]何洁.多元文化与高校思政教育改革研究[J].湖北开放职业学院学报, 2019,32(04).

[18]亨廷顿.文明的冲突[M].北京:新华出版社,1999.

[19]胡新平.多元文化背景下学生德育工作探析[J].学周刊,2019(06).

[20]黄桂华.试论家庭文化的德育价值[J].西北第二民族学院学报(哲学社会 科学版),2005(04).

[21]贾磊.优秀传统文化融入大学生思想政治教育的策略[J].中国多媒体与 网络教学学报(中旬刊),2020(02).

[22]江泽民.高举邓小平理论伟大旗帜,把建设有中国特色社会主义事业全面 推向二十一世纪[M].北京:人民出版社,1997.

[23]蒋玉,陈爱丽.习近平德育观及其现实应用探究[J].中学政治教学参考, 2020(06).

[24]焦俊榕.文化育人理念下高校思想政治教育探究[J].教育教学论坛,2020 (06).

[25]经丽红.以校园主题文化引领师生共同成长[J].辽宁教育,2020(06).

[26]孔维涵.多元文化视角下的高校思想政治教育探究[J].西部素质教育, 2018,4(13).

[27]赖卫红.利用家庭文化资源 构建德育新模式[J].名师在线,2019(19).

[28]李晗.高校思想政治教育与校园文化建设互动研究[J].教育现代化, 2019,6(87).

[29]李化树.现代德育论[M].成都:西南交通大学出版社,2013.